# Impulse su crecimiento

## Los libros en español del Dr. John C. Maxwell pueden enseñarle a ser una persona VERDADERAMENTE exitosa

### Relaciones

*25 maneras de ganarse a la gente*
*Seamos personas de influencia*
*Ética 101*
*Relaciones 101*
*Cómo ganarse a la gente*

### Capacitación

*Las 15 leyes indispensables del crecimiento*
*Las 17 cualidades esenciales de un jugador de equipo*
*Las 17 leyes incuestionables del trabajo en equipo*
*Desarrolle los líderes que están alrededor de usted*
*Cómo las personas exitosas crecen*
*Capacitación 101*
*Haga que su día cuente*
*Mentor 101*
*El mapa para alcanzar el éxito*
*Compañeros de oración*
*¡Vive tu sueño!*
*Corramos con los gigantes*
*El talento nunca es suficiente*
*Hoy es importante*
*El mapa para alcanzar el éxito*

### Actitud

*Actitud 101*
*Seamos personas de influencia*
*El lado positivo del fracaso*
*Cómo las personas exitosas piensan*
*A veces se gana, a veces se aprende*
*Éxito 101*
*Piense para obtener un cambio*
*La actitud de vencedor*

### Liderazgo

*Las 21 leyes irrefutables del liderazgo, edición del 10º aniversario*
*Las 21 cualidades indispensables de un líder*
*Los 21 minutos más poderosos en el día de un líder*
*Líder de 360º*
*Desarrolle el líder que está en usted*
*Los 5 niveles de liderazgo*
*Solo oro*
*Buenos líderes hacen grandes preguntas*
*Cómo las personas exitosas dirigen*
*Liderazgo 101*
*Liderazgo, principios de oro*
*Liderazgo, promesas para cada día*
*Impulse su liderazgo*

# Impulse su crecimiento

## JOHN C. MAXWELL

CENTER
STREET

NEW YORK   BOSTON   NASHVILLE

Este libro ha sido adaptado de
*Las 15 leyes indispensables del crecimiento*

Center Street
Hachette Book Group
1290 Avenue of the Americas
New York, NY 10104
www.CenterStreet.com

Impreso en los Estados Unidos de América

RRD-C

Primera edición: Agosto 2015

10 9 8 7 6 5 4 3 2 1

Center Street es una división de Hachette Book Group,
Inc. El nombre y el logotipo de Center Street es una marca
registrada de Hachette Book Group, Inc.

El Hachette Speakers Bureau ofrece una amplia gama de
autores para eventos y charlas. Para más información vaya a
www.hachettespeakersbureau.com o llame al (866) 376-6591.

International Standard Book Number: 978-1-4555-8906-7

# ɪNTRODUCCIÓN

Si está leyendo estas líneas, no hay duda de que usted tiene el deseo de ser una mejor persona mañana de lo que es actualmente. Anhela crecer de alguna manera. Quizás desea progresar en su carrera, vivir un estilo de vida más saludable, aumentar su conocimiento, tener una mejor relación con alguien, profundizar en su vida espiritual o lograr el sueño de su vida.

Yo creo que usted lo puede alcanzar. Dentro de usted hay un gran potencial. Pero, ¿tendrá actualmente los recursos para hacerlo? ¿Cómo puede ser usted mejor en lo que hace? ¿Cómo puede mejorar sus relaciones? ¿Cómo obtiene más entendimiento y sabiduría como persona? ¿Cómo vence los obstáculos? ¿Trabajar más duro? ¿Trabajar más horas? ¿Esperar a que las cosas mejoren?

La respuesta es que necesita tener un plan estratégico e intencional para crecer.

Muchas personas aprenden de los golpes recibidos en la escuela de la vida. Las experiencias difíciles les enseñan lecciones al azar "a la mala", que les hacen cambiar, a veces para bien, a veces para mal.

Usted tiene sueños, metas y aspiraciones. ¿Asume usted que si sólo trabaja muy duro va a mejorar de forma natural? Una vez creí eso. Entonces descubrí que el crecimiento personal no sucede por sí solo. Tenemos que ser estratégicos al respecto. Tenemos que asumir la responsabilidad completa de nuestro proceso de crecimiento, porque nadie más lo hará por nosotros. Si queremos que nuestra vida mejore, tenemos que mejorarnos a nosotros mismos.

Este libro es mi esfuerzo por ayudarle a aprender a crecer y desarrollarse a usted mismo para que tenga las mejores posibilidades de convertirse en la persona para la cual fue creada. El crecimiento intencional es la clave que abrirá la puerta para alcanzar su potencial. En los próximos 90 días, se le proveerá pasos claros que le ayudarán a convertirse en una persona más efectiva y realizada. No importa dónde esté en su jornada de crecimiento o cuáles retos enfrenta, usted tiene la oportunidad de mejorarse a sí mismo a través del crecimiento personal de hoy en adelante.

¿Qué le tomará para comenzar? Separe consistentemente 15 minutos diarios por los próximos 90 días para crecer intencionalmente. Lea y reflexione sobre la cita inspiradora para ese día, lea y digiera la lección, y muévase adelante tomando acción como respuesta a la pregunta.

Si usted invierte tiempo creciendo a propósito cada día por los próximos tres meses, estará encaminándose para alcanzar su potencial. Estará haciendo del crecimiento intencional un hábito. Y mirará hacia atrás y se sorprenderá de lo lejos que ha llegado.

¿Listo? ¡Comencemos!

# DÍA

*Llega un momento en que tiene que dejar de
esperar al hombre en el que se quiere convertir
y comenzar a ser el hombre que quiere ser.*
BRUCE SPRINGSTEEN

*Potencial* es una de las palabras más maravillosas
de cualquier idioma. Mira hacia delante con opti-
mismo. Está llena de esperanza, promete éxito, implica plenitud, indica grandeza. Potencial es una
palabra basada en las posibilidades. Piense en su potencial como ser humano y se animará, o al menos así
lo espero. Qué pensamiento tan positivo. Creo en su
potencial tanto como creo en el mío. ¿Tiene usted potencial? Por supuesto.

Como está leyendo estas líneas, imagino que tiene
el deseo de impulsar su crecimiento y así alcanzar
su potencial. Mi pregunta a usted es esta: "¿Tiene un
plan para su crecimiento personal?". Me hicieron esa
pregunta cuando tenía mis veintitantos años, y ella
cambió mi vida. Creo que puede cambiar la suya también. Cuando comencé mi carrera, todo lo hacía con
intencionalidad: trabajar, alcanzar mis metas y tener
éxito. Tenía una estrategia: trabajar duro. Esperaba

> *Describa lo que usted cree acerca de su potencial, y luego describa cómo ha esperado o planeado para convertirse en todo lo que puede ser.*

que eso me llevaría donde yo quería ir; pero la esperanza no es una estrategia y trabajar duro no garantizaba el éxito. Me di cuenta que no tenía un plan.

Por eso, ¿tiene un plan para cómo llegar a convertirse en todo lo que puede ser?

# DÍA

## 2

*La vida que se vive para el mañana*
*siempre estará a un día de cumplirse.*
LEO BUSCAGLIA

Si usted es como era yo, tendrá una que otras ideas erróneas que crean una brecha que le impide crecer y alcanzar su potencial. Las ideas falsas sobre el crecimiento, tales como pensar que simplemente trabajando duro creceremos de forma automática, le retendrán de ser tan intencional como tiene que ser. O asumimos que aunque realmente no sabemos cómo crecer, alguien en nuestro mundo tendrá un plan que nos ayude a mejorar. Cuando yo estaba buscando respuestas, ni una persona a quien le pregunté había resuelto esto.

Tal vez usted se está reprimiendo debido al miedo o está buscando la "mejor" manera de iniciarse en un plan de crecimiento. Por supuesto, crecer implica admitir que usted no tiene las respuestas, y se requiere que se sobreponga a cualquier miedo que pueda tener a cometer errores o hacer el ridículo. Y encontré que tenía que empezar, si quería encontrar la mejor manera. Ese es el precio de entrada si usted quiere mejorar. Al ser intencional acerca del crecimiento, espere

*Haga una lista de las creencias que le están reteniendo de comenzar un plan de crecimiento. ¿Qué verdades puede usar para vencer esas ideas equivocadas e impulsar el proceso de crecimiento?*

cometer errores todos los días, a partir de hoy, y dele la bienvenida como una señal de que se está moviendo en la dirección correcta.

_____

_____

_____

_____

_____

_____

_____

_____

_____

_____

_____

_____

_____

_____

_____

_____

_____

# DÍA

*La motivación no va a caerle como un rayo....*
*La idea de la motivación es una trampa.*
*Olvídese de la motivación. Simplemente hágalo.*
JENNIFER REED

Otra idea errónea que pudiera retenerlo de crecer y alcanzar su potencial es que usted piense que necesita ser inspirado para aprender y crecer. Cuando me di cuenta que necesitaba ser intencional con el crecimiento, no tenía el tiempo, el dinero o la experiencia para hacerlo. Solo tenía la esperanza que ello haría la diferencia. Esa certeza no parecía inspiradora, pero comencé de todas maneras. Para mi sorpresa, luego de un año de crecimiento dedicado, empecé a sobrepasarle a algunos de mis héroes. Eso hizo una gran diferencia. Después de eso, ¡no quería perderme ni un solo día!

Quizás le dificulta encontrar la inspiración para continuar, pero por favor créame cuando le digo que las razones para *continuar* creciendo sobrepasan por mucho las razones que le llevan a *comenzar* a crecer. Y descubrirá las razones para seguir creciendo solo si continúa haciéndolo el tiempo suficiente como para comenzar a cosechar los beneficios. Así que haga el compromiso

*¿Ha permitido que la falta de sentimiento le detenga de crecer? Escriba su propia declaración de compromiso para crecer, fírmela y póngale fecha. Luego sujétese a ella al menos por noventa días y se sorprenderá.*

con usted mismo de comenzar y seguir haciéndolo al menos por doce meses. Si lo hace, se enamorará del proceso, y podrá mirar atrás al final de ese año y se sorprenderá de lo mucho que ha avanzado.

_____

_____

_____

_____

_____

_____

_____

_____

_____

_____

_____

_____

_____

# DÍA

**4**

*La única manera de aprender es rodeándose usted
mismo de personas que son mejores que usted.*
MICKEY SUMNER

Al inicio de mi carrera, asistí a un intercambio de
ideas con otros tres líderes cuyas empresas eran seis
veces más grandes que la mía, y ellos tenían muchas
más ideas y mejores que las mías. Fui porque en ese
entonces me di cuenta de que si mi objetivo era ser un
mejor líder, necesitaba ser expuesto a estar con líderes
mayores y mejores fuera de mi pequeño círculo.

Al principio, cuando llegué, me sentía intimidado.
Mientras hablábamos y compartíamos ideas, quedó
muy claro desde el principio que yo no estaba en su
liga. Sentía que estaba hundiéndome e intentaba nadar
para mantenerme a flote. A pesar de eso, me animé
porque descubrí que había grandes hombres dispuestos
a compartir sus ideas, y yo estaba aprendiendo mucho.

En los primeros diez años en los que estuve per-
siguiendo de manera intencional el crecimiento
personal, tuve que sobrepasar la brecha de la comparación, porque me sentía como que iba siempre re-
zagado intentando alcanzarles. Tuve que aprender a

*¿Dónde podría conocer a personas en el área donde desea crecer? ¿Conoce actualmente a personas que le puedan ayudar? Haga algo de investigación. ¿Hay alguna conferencia donde usted pueda conectarse con otras personas con ideas afines y aprender de ellas?*

sentirme cómodo con el hecho de estar fuera de mi zona de comodidad, y usted también. Puede ser una transición difícil, pero puede aprender *solo* si otros están más adelantados que usted, lo cual hará que la incomodidad bien valga la pena.

# DÍA

*Usted será la misma persona hoy que dentro de cinco años salvo por dos cosas: la gente con la que se asocie y los libros que lea.*
CHARLES "TREMENDOUS" JONES

Según la investigación del psicólogo social, el Dr. David McClelland de Harvard, las personas con quienes usted se asocia habitualmente son conocidas como su "grupo de referencia", y estas personas determinan hasta el 95 por ciento de su éxito o fracaso en la vida. Y Jim Rohn afirmó que nos convertimos en el promedio combinado de las cinco personas con las que más estamos.

Siempre es beneficioso asociarse con personas mejores que nosotros. Debemos tratar de pasar tiempo con personas íntegras, con personas positivas, con personas que vayan por delante de nosotros en lo profesional. Personas que nos levanten en vez de hundirnos, personas que vayan por el camino alto, y no por el bajo, y sobre todo, personas que estén creciendo.

No puede emprender el viaje hacia el crecimiento solo, no si quiere alcanzar todo su potencial. El factor más importante en el entorno de cualquier persona es

*Haga una lista de aquellas personas de mayor influencia en su vida que tiene actualmente. ¿Qué haría para aumentar la influencia de quienes son más "grandes" que usted y que le pueden hacer crecer?*

la gente. Si no cambia ninguna otra cosa en su vida para bien salvo eso, habrá aumentado sus posibilidades de tener éxito. Así que piense largo y tendido sobre con quién está pasando la mayor parte de su tiempo, porque usted se dirigirá hacia donde esas personas se dirijan.

_____

_____

_____

_____

_____

_____

_____

_____

_____

_____

_____

_____

_____

# DÍA

*No puede cambiar su destino de la noche
a la mañana, pero puede cambiar su
dirección de la noche a la mañana.*

JIM ROHN

El primer año que comencé a ser intencional en mi crecimiento personal, pronto descubrí que iba a ser un proceso para toda la vida. Durante ese año, la pregunta en mi mente cambió de "¿Cuánto durará esto?" a "¿Hasta dónde podré llegar?". Esa es la pregunta que debería estar haciéndose ahora mismo; no que sea capaz de responderla. Yo comencé este viaje de crecimiento hace cuarenta años, y aún no le he dado respuesta. Pero le ayudará a fijar la dirección, si no la distancia.

Lo mejor que puede esperar hacer en la vida es sacar lo máximo de todo lo que ha recibido. Usted hace eso cuando invierte en sí mismo, mejorándose todo lo que pueda. Cuanto más trabaje en ello, mayor será su potencial, y más lejos debería intentar ir. Invierta lo máximo en su crecimiento para que pueda llegar a ser la mejor versión de usted mismo.

# DÍA

7

*¿Puede existir una palabra más insidiosa? Después,
como en "Después lo haré". [...] La dieta que
comienza "mañana", la búsqueda de trabajo
que ocurre "con el tiempo", la persecución del
sueño de la vida que comienza "algún día" se
junta con otros obstáculos autoimpuestos y nos
inmovilizan en modo de piloto automático.*

JENNIFER REED

Cuando aún estaba en mis veintitantos años, escuché al empresario y filántropo W. Clemente Stone
hablar sobre la idea de tener un sentimiento de urgencia. Su sesión se titulaba: "Hágalo ahora", y una de
las cosas que nos dijo fue esta: "Antes de levantarse de
la cama cada día, diga 'hazlo ahora' cincuenta veces.
Al final del día, antes de acostarse, lo último que debería hacer es decir cincuenta veces 'hazlo ahora'". En
ese momento sentí como si me estuviera hablando
personalmente a mí. Me fui a casa, y durante los siguientes seis meses seguí su consejo. Me dio un tremendo sentimiento de urgencia.

El mayor peligro al que se enfrenta en este momento es pensar que hará que el crecimiento personal sea una prioridad para *después*. ¡No caiga en esa trampa! Al comenzar a leer este libro, usted ya ha comenzado el proceso.

¡No se detenga aquí! Siga dando más pasos. Consiga un recurso que le ayude a crecer y comience a aprender de él *hoy*.

# DÍA

8

*Alimente sus miedos y su fe pasará hambre.*
*Alimente su fe y sus miedos hambrearán.*
MAX LUCADO

El crecimiento puede ser un asunto desagradable. Recientemente leí un artículo sobre los temores que impiden que la gente tenga éxito. Estos son los cinco factores que intervienen:

*Miedo al fracaso*
*Miedo a cambiar la seguridad por lo desconocido*
*Miedo a extralimitar la economía*
*Miedo a lo que otros dirán o pensarán*
*Miedo a que el éxito distancie a los compañeros*

¿Cuál de estos miedos le impacta más? Para mí era el último: distanciamiento de mis compañeros. Por naturaleza soy alguien que tiende a agradar a la gente, y quería caer bien a todos. Pero realmente no importa qué miedo sea el que más le afecte. Todos tenemos temores. Pero esta es la buena noticia: también todos tenemos fe. La pregunta que tiene que hacerse es: "¿Qué emoción permitiré que sea más fuerte?". Su respuesta es importante, porque la emoción más fuerte es la que gana. Quiero animarle a alimentar su fe y privar de comida a su temor.

_____

_____

_____

_____

_____

_____

_____

_____

_____

_____

_____

_____

_____

_____

_____

_____

_____

_____

# DÍA

9

*Con palabras no es como mejor se expresa la
filosofía de una persona; se expresa en las decisiones
que uno toma. A la larga, moldeamos nuestras
vidas y nos moldeamos a nosotros mismos.*

ELEANOR ROOSEVELT

Tal vez en esta etapa se está dando cuenta que
ha estado atascado en la rutina de crecimiento ac-
cidental, en el que sólo experimenta la vida y espera
aprender lo que necesita en el camino simplemente
por experiencia. Pero esto le impide la sólida tra-
yectoria de un crecimiento intencional. La siguiente
comparación debe ayudarle a aclararle sobre la diferencia entre ambas:

| *Crecimiento accidental* | *Crecimiento intencional* |
|---|---|
| Planea comenzar ma-ñana | Insiste en comenzar hoy |
| Espera que llegue el cre-cimiento | Asume toda la responsa-bilidad del crecimiento |
| Aprende solo de los errores | A menudo aprende antes de equivocarse |
| Depende de la buena suerte | Confía en el trabajo arduo |

| | |
|---|---|
| Abandona pronto y ocasionalmente | Persevera mucho y con esfuerzo |
| Desarrolla malos hábitos | Lucha por conseguir buenos hábitos |
| Habla mucho | Mantiene el seguimiento |
| Juega a lo seguro | Toma riesgos |
| Piensa como una víctima | Piensa como un principiante |
| Confía en el talento | Confía en el carácter |
| Deja de aprender después de graduarse | Nunca deja de crecer |

*Identifique una actitud en la columna de la izquierda que considera el mayor obstáculo para su crecimiento y utilice la idea en la columna derecha para ayudarle a cambiar, tomando acción para vencerlo. Escriba cómo lo logrará.*

# DÍA

**10**

*El primer paso hacia el cambio es la conciencia.*
*El segundo paso es la aceptación.*
NATHANIEL BRANDEN

Si usted quiere crecer, debe conocerse a sí mismo: sus puntos fuertes y sus debilidades, sus intereses y oportunidades. Tiene que ser capaz de evaluar no solo dónde ha estado, sino también dónde se encuentra ahora. De lo contrario no podrá establecer un curso hacia dónde dirigirse. Y claro está, cada vez que quiera aprender algo, debe ser capaz de tomar lo nuevo que ha aprendido hoy y construir sobre lo que aprendió ayer para seguir creciendo. Esa es la única manera de conseguir tracción y seguir desarrollándose a usted mismo.

La mayoría de las personas no saben lo que quieren hacer. No se conocen a sí mismos tan bien como debieran, y por eso permanecen desenfocados en su crecimiento. Lo que hace difícil para algunas personas crecer y desarrollar su potencial es que puede ser un dilema sin salida. Tiene que saber usted quién es para desarrollar su potencial, pero tiene que crecer para saber quién es. Entonces, ¿cuál es la solución?

Explórese a sí mismo mientras explora el crecimiento.

*¿Cuán bien usted se conoce a sí mismo? Haga una lista de sus intereses, fortalezas, debilidades, oportunidades y pasiones. Luego enfóquese en sus pasiones. ¿Hacia dónde quiere que ellas le lleven en la vida?*

La manera de comenzar es prestar atención a sus pasiones. Esa conciencia es una necesidad para conocerse a sí mismo, y cuando acepte quién es usted, puede concentrarse en sus pasiones y empezar a construir.

# DÍA

*Si, como dijo Sócrates, la vida que no se examina
no merece la pena vivirla, entonces la vida
que no se vive merece la pena examinarla.*

ABRAHAM KAPLAN

Me sorprende la cantidad de personas con las que me encuentro cada día a quienes no les gusta lo que hacen como medio de vida. ¿Por qué lo hacen? Entiendo la necesidad de tener que ganarse la vida. Yo he hecho trabajos que no me gustaban. Pero no me quedé ahí toda la vida haciendo algo que no me hacía sentir realizado. Si me hubiera encantado y hubiera encajado con mi pasión y propósito, me habría quedado ahí e intentado construir mi futuro; pero no era lo que quería hacer.

Si no le gusta lo que hace como medio de vida, tiene que dedicar tiempo a examinar el porqué. ¿Existe algún riesgo en dejar de hacer lo que está haciendo actualmente para hacer lo que *quiere* hacer? Por supuesto. Puede salirle mal; quizá descubra que no le gusta tanto como creía; quizá no hace tanto dinero. Pero ¿no es también muy arriesgado quedarse donde está? Podría fracasar; le podrían despedir; le podrían reducir

*¿Le gusta lo que está haciendo ahora? ¿Por qué? Haga una lista de las formas en que encaja, o no encaja, con sus pasiones y su propósito.*

el sueldo; o lo peor de todo, podría llegar al final de sus días lamentando no haber alcanzado todo su potencial o no haber hecho lo que le gusta. ¿Con qué riesgo prefiere vivir?

# DÍA

**12**

*Toda persona de éxito que he conocido
tiene una sensación muy fuerte de sus
habilidades y aspiraciones únicas. Son líderes
en sus propias vidas, y osan perseguir sus
sueños según sus propios términos.*

MARÍA BARTIROMO

Definitivamente hay una conexión directa entre encontrar su pasión y desarrollar su potencial. ¿Ha encontrado y empleado su pasión? ¿Sabe lo que le gustaría hacer? Cuando lo hace, marca la diferencia. ¿Por qué? Cuando encuentra su pasión, recibe el factor EyE: *energía* y *excelencia*. Nunca cumplirá su destino haciendo un trabajo que no le gusta. La pasión le da ventaja sobre otros, ¡porque una persona con pasión es mayor que noventa y nueve que solo tienen interés!

La gente dice que hay dos grandes días en la vida de una persona: el día en que nace y el día en el que descubre para qué nace. El escritor Stephen Covey destacó: "Qué diferentes son nuestras vidas cuando realmente sabemos qué es realmente importante para nosotros, y manteniendo ese cuadro en la mente, nos

*¿Qué le gustaría estar haciendo? Escriba aquí aquellas cosas que son bien importantes para usted. ¿Cómo se puede ver a sí mismo contribuyendo en esas áreas? Explore aquello para lo cual usted cree que pudiera haber sido puesto en esta tierra para hacer.*

las arreglamos cada día para ser y saber qué es lo que más nos importa".

Conocerse bien y saber qué es lo que quiere hacer es una de las cosas más importantes que podrá hacer jamás en esta vida. Quiero animarle a que busque aquello para lo cual fue puesto en esta tierra. Luego persígalo con todo su mayor esfuerzo.

# DÍA

**13**

*Descubra su particularidad; después
disciplínese para desarrollarla.*
JIM SUNDBERG

Una de las claves principales para ser exitoso y
cumplir su propósito es entender sus talentos únicos
y encontrar el lugar idóneo donde usarlos. Hay una
gran diferencia entre tener un sueño que le impulse
a alcanzarlo y tener una idea de la nada que no tenga
conexión alguna con quien usted es y lo que puede
hacer. Debe usted tener cierto criterio para saber si el
deseo que tiene encaja con las habilidades que posee.

Warren Bennis ofrece tres preguntas que usted se
puede hacer para identificar si lo que quiere hacer es
posible.

*¿Conoce la diferencia entre lo que quiere y aquello
en lo que es bueno?*

*¿Sabe qué es lo que le motiva y le da satisfacción?*

*¿Sabe cuáles son sus valores y prioridades, y cuáles
son los valores y prioridades de su organización?*

Evaluar estas tres diferencias revela muchos de los
obstáculos entre usted y lo que quiere hacer. En este

*¿Qué talentos, destrezas, experiencia y oportunidades posee que lo apoyen en su deseo de hacer lo que quiere hacer?*

momento, la pregunta que tiene que plantearse es si será capaz de solventar esas diferencias.

_____

_____

_____

_____

_____

_____

_____

_____

_____

_____

_____

_____

_____

_____

_____

_____

# DÍA

## 14

*Su visión será más clara solo cuando mire*
*su corazón. El que mira afuera, sueña;*
*el que mira adentro, se despierta.*
CARL JUNG

Creo que es muy importante no solo saber lo que quiere hacer, sino también por qué quiere hacerlo. Lo digo porque los motivos son importantes. Cuando hace cosas por la razón correcta, la cual pudiera ser hacer una diferencia positiva en la vida de otros, obtiene una fuerza interior para cuando las cosas van mal. Los motivos desinteresados le ayudan a construir relaciones positivas porque le impiden tener agendas ocultas y le llevan a poner a las personas antes que su propia agenda. Hacer algo por las razones correctas también hace que su vida no esté tan saturada de cosas y su camino esté más despejado. Su visión no solo será más clara, sino que también dormirá bien por la noche sabiendo que está en el camino correcto.

El trabajo que yo hago es un llamado en mi vida. Cuando dirijo o me comunico, pienso: *Nací para esto.* Va con mis puntos fuertes; me da energía. Más que nada, marca una diferencia en las vidas de otros. Eso

*¿Cuáles son sus motivos para hacer lo que le gustaría hacer? Pregúntese a usted mismo: "¿Por qué quiero hacer esto?". Examine sus intenciones.*

me satisface y me da un toque de lo que es eterno.

Creo que usted puede tener el mismo tipo de satisfacción y puede experimentar el éxito si hace las cosas para las que vale, y las hace con los motivos correctos. Tómese un tiempo para reflexionar. Explore sus intenciones y actitudes. Mientras más usted se conozca, más crecerá.

# DÍA

*Si quiere pasar de donde está a donde quiere estar, tiene que comenzar siendo consciente de las decisiones que le han alejado de su destino deseado. Sea bien consciente de cada decisión que tome hoy para poder comenzar a tomar mejores decisiones que le hagan avanzar.*

DARREN HARDY

Pasar de lo que está haciendo ahora a lo que quiere hacer es un proceso. Creo que comienza con…

*Conciencia.* Dedique tiempo a pensar verdaderamente hacia dónde se dirige en este momento. Si no es donde quiere ir, entones escriba qué pasos debe dar para ir donde desea ir, para hacer lo que quiere hacer.

*Acción.* ¡No podrá ganar si no comienza! Significa hacer algo específico cada día que le acerque un paso más a su meta.

*Rendir cuentas.* Pocas cosas empujan a una persona a seguir con algo como el rendir cuentas. Puede pedir que ciertas personas le pregunten por su progreso. Anote cada acción perteneciente a un área en la que quiera ver mejoras (la economía, la salud, su carrera o sus relaciones).

*¿Qué pasos debe tomar (comenzando hoy mismo) en las áreas de conciencia, acción, rendir cuentas y atracción, que lo lleven más cerca de hacer aquello que quiere hacer?*

*Atracción.* Si está creciendo, atraerá a otros que están creciendo. Esto le sitúa en una posición en la que podrá comenzar a formar una comunidad de personas de mentalidad parecida que pueden ayudarse unos a otros a tener éxito.

# DÍA

**16**

*Un mentor es alguien que ve más talento
y habilidad en usted, que los que usted
mismo ve, y le ayuda a sacarlos a relucir.*
BOB PROCTOR

Mi mayor crecimiento siempre se ha producido como resultado de encontrar personas que iban por delante de mí y fueron capaces de mostrarme el camino que tenía por delante. Algunos de ellos me han ayudado personalmente, pero la mayoría de ellos lo han hecho mediante la sabiduría que he encontrado en los libros que han escrito.

Si ha descubierto lo que quiere hacer, empiece a encontrar personas que hagan lo que usted quiere con excelencia. Luego haga lo que sea necesario para aprender de ellos…

*Comprométase.* Pague a las personas por su tiempo si fuera necesario.

*Sea persistente.* Reúnase sistemáticamente cada mes con alguien que le pueda enseñar.

*Sea creativo.* Comience con sus libros si no puede reunirse con ellos en persona.

*Piense en tres personas que hacen con excelencia lo que usted quiere hacer. ¿Qué hará usted hoy para comenzar a aprender de ellos?*

*Sea decidido.* Pase dos horas preparándose para cada hora de interacción.

*Sea reflexivo.* Pase dos horas reflexionando por cada hora de interacción.

*Sea agradecido.* Estas personas son regalos para su crecimiento personal; asegúrese de decírselo.

Recuerde siempre que necesitará la ayuda de otros para guiarle en su camino.

# DÍA

*Probablemente el hombre más honesto que ha llegado donde está por sus propios esfuerzos fue al que oímos decir: 'Llegué a lo más alto por el camino difícil, luchando contra mi propia pereza e ignorancia durante cada paso del camino'.*

JAMES THOM

Como he tenido el privilegio de hacer lo que siempre he querido hacer, quiero ayudarle a ver cómo será ese momento. Primero, será *distinto* a lo que se imaginaba. Yo nunca pensé que influiría a tantas personas. Nunca pensé que la vida sería tan bonita. Pero tampoco anticipé nunca las expectativas que otros pondrían en mí para producir.

Cuando usted hace lo que quiere hacer, será *más difícil* de lo que se imagina. Yo no tenía ni idea del tiempo que tardaría en ser eficaz. Nunca esperé tener tantas demandas sobre mi vida o tener que seguir pagando el precio de ser exitoso. Tampoco soñé nunca que mi nivel de energía bajaría tanto como ha bajado en años recientes.

Finalmente, permítame decirle esto. Cuando haga lo que siempre ha querido hacer, será *mejor* de lo que

*Imagínese siendo una persona exitosa. ¿Qué entiende requeriría de su parte para lograr ese éxito? ¿Cómo sería la recompensa?*

nunca imaginó. Cuando comencé a invertir en mi crecimiento personal, no anticipé un retorno agravado, para mí personalmente, para los individuos de quienes he sido mentor y para mi equipo, ¡y nunca soñé que sería tan divertido! Ninguna otra cosa es comparable a hacer aquello para lo cual usted fue creado.

# DÍA

## 18

*Ningún factor es más importante en el desarrollo
psicológico y la motivación de las personas
que los juicios de valores que hacen sobre ellos
mismos. Cada aspecto de sus vidas es impactado
por la manera en que se ven a sí mismos.*

NATHANIEL BRANDEN

A menudo me pregunto por qué tantas personas
no crecen ni desarrollan su potencial. He llegado a la
conclusión de que una de las principales razones es
una baja autoestima. Muchas personas no creen en sí
mismas. No ven las posibilidades con las que ellos na-
cieron. Poseen cien acres de posibilidades, pero nunca
las cultivan porque están convencidos de que no podrán aprender, crecer y convertirse en algo maravilloso.

He oído muchas veces decir a mi amigo Zig Ziglar:
"Es imposible comportarse sistemáticamente de una
manera incoherente con cómo nos vemos a nosotros
mismos. Podemos hacer pocas cosas de una manera
positiva si lo que sentimos hacia nosotros es negativo".
Usted no puede superar su autoimagen. Si no se da
cuenta de que tiene un valor genuino y que vale la pena
invertir en usted mismo, entonces nunca invertirá el

*Haga una lista de todas sus mejores cualidades personales. Utilizando la lista como un trampolín, decida en la única palabra que mejor le describe a usted. ¿Cómo hará que esta palabra sea su Estrella Polar a medida que comienza a añadirse valor a sí mismo?*

tiempo y el esfuerzo necesarios para desarrollar su potencial. Es una tapa en su potencial. Si quiere convertirse en la persona que puede llegar a ser, debe creer que puede, ¡no importa lo que alguien crea o diga!

# DÍA

## 19

*Para cuando llega a los diecisiete años, usted
ha oído "No, no puedes", una media de 150 000
veces. Ha oído "Sí, puedes", unas 5000 veces. Eso
significa treinta noes por cada sí. Eso hace que la
creencia de que "No puedo" sea muy poderosa.*
JOHN ASSARAF Y MURRAY SMITH

Sea consciente o no, usted tiene una conversación
continua consigo mismo todo el tiempo. ¿Cuál es
la naturaleza de la suya? ¿Se anima o se critica? Si
usted es positivo, entonces está ayudando a crear una
autoimagen positiva. Si es negativo, usted está deterio-
rando su autoimagen. ¿De dónde viene la conversación
crítica y negativa? Normalmente de nuestra educación.

Si quiere cambiar su vida, tiene que cambiar su manera de pensar de sí mismo. Si quiere cambiar la manera
de pensar de sí mismo, tiene que cambiar la manera en
que se habla a sí mismo. Usted tiene que aprender a
convertirse en su propio alentador, su propio animador.
Cada vez que haga un buen trabajo, no lo deje pasar
sin más; haláguese. Cada vez que escoja la disciplina
en lugar de la indulgencia, no se diga que debería te-
nerla de todos modos; reconozca lo mucho que se está

*¿Cuál es la naturaleza de su conversación consigo mismo? Escriba una lista de sus pensamientos negativos y positivos sobre sí mismo. Calcule las veces que usted piensa algo positivo o negativo sobre sí mismo de las próximas 24 horas.*

ayudando a sí mismo. Cada vez que cometa un error, no saque todo lo malo de usted; dígase que está pagando el precio del crecimiento y que aprenderá a hacerlo mejor la próxima vez. Cada cosa positiva que pueda decirse será de ayuda.

# DÍA

## 20

*No se compare a sí mismo con nadie en el
mundo...si lo hace, se está insultando a sí mismo.*
BILL GATES

Cuando comencé mi carrera, deseaba que llegara
el informe anual de la organización que daba las es-
tadísticas de cada uno de sus líderes. En cuanto lo
recibía en el correo, miraba mi desempeño y compa-
raba mi progreso con el progreso de los demás líderes.
Después de unos cinco años de hacerlo, me di cuenta
de lo dañino que era.

¿Qué ocurre cuando usted se compara con otros?
Normalmente sucede una de estas dos cosas: o bien
percibe que la otra persona va muy por delante de usted
y se desanima, o ve que usted es mejor que la otra persona, y se vuelve orgulloso. Ninguna de las dos cosas es
buena para usted, y tampoco le ayudará a crecer.

Compararse con otros es realmente una distrac-
ción innecesaria. El único con quien debe compararse
es con usted mismo. Su misión es cada día ser mejor
de lo que fue ayer, y eso lo consigue enfocándose en lo
que puede hacer hoy para mejorar y crecer. Hágalo lo
suficiente, y si mira atrás y se compara con el que era

*¿Con quién se compara usted? ¿Cómo se siente cuando lo hace? Cambie su enfoque al escribir una manera en la cual usted ha mejorado.*

hace semanas, meses o años, debería animarse mucho al haber visto el progreso.

IMPULSE SU CRECIMIENTO
# DÍA

**21**

*Cuando un hombre ha puesto un límite en lo que hará, ha puesto un límite en lo que puede hacer.*
CHARLES SCHWAB

Muchas personas son como el personaje cómico *Shoe*, quien dice en una de mis tiras cómicas favoritas: "Cuando se trata de creer en mí, soy agnóstico". Los mayores limitantes que tienen las personas en su vida son normalmente los que ellos mismos se imponen.

El escritor Jack Canfield ofrece una solución para el pensamiento autolimitante. En su libro *The Success Principles* [Los principios del éxito], recomienda los siguientes cuatro pasos para transformar las creencias limitantes en creencias capacitadoras:

1. *Identifique una creencia limitante que quiera cambiar.*
2. *Entienda cómo le limita esa creencia.*
3. *Decida cómo quiere ser, actuar o sentir.*
4. *Cree una frase de cambio de rumbo que le afirme o le dé permiso de ser, actuar o sentir de esa nueva forma.*

Este es realmente un buen consejo. Cuando lo haga, repítase esa frase de cambio de rumbo cada día todo

*Identifique una creencia limitante que desee cambiar. Cree una declaración de cambio radical que le afirme u otorgue permiso para ser, actuar o sentir de una manera nueva.*

el tiempo que sea necesario hasta que cambie su pensamiento auto-limitante. Recuerde: al final, lo que usted es no le retiene, sino lo que usted cree que no es.

# DÍA

## 22

*Actúe como si lo que haga hace la diferencia. Lo hace.*
WILLIAM JAMES

Debido a que las personas con una baja autoestima a menudo se ven como ineptos o se sienten víctimas, se enfocan excesivamente en ellos mismos. Se pueden volver autoprotectores y egoístas porque sienten que tienen serlo para sobrevivir.

Si este es su caso, puede combatir esos sentimientos sirviendo a otros y trabajando para añadirles valor. Marcar una diferencia, aunque sea pequeña, en las vidas de otras personas aumenta nuestra autoestima. Es difícil sentirse mal consigo mismo cuando está haciendo algo bueno por otra persona. Además de eso, añadir valor a otros les hace valorarle más. Crea un ciclo de sentimiento positivo de una persona a otra.

Es además lo correcto, y una de las mejores formas de aumentar la autoestima es hacer lo correcto, ser honesto con usted y sus valores. Nos da una fuerte sensación de satisfacción. Cada vez que hace algo que edifica su carácter, se convierte en una persona más fuerte; cuanto más difícil sea la tarea, más edifica su carácter. Realmente puede "actuar consigo mismo" para llegar

*¿Cuánto tiempo usted invierte cada semana enfocándose en otros y añadiéndole valor a ellos? ¿Qué paso tomaría para servir a otros semanalmente?*

a sentirse bien, porque el carácter positivo se extiende a cada área de su vida, dándole confianza y sentimientos positivos acerca de todo lo que hace.

# DÍA

## 23

*El primer paso es que tiene que
decir que usted puede.*
WILL SMITH

Si hay un área en su vida que le parezca abrumadora,
ya sea salud, trabajo, familia u otra cosa, intente dedi-
carle un poquito de tiempo cada día en vez de intentar
hacerlo todo de golpe en un día. Como su autoestima
está basada en los hábitos, acciones y decisiones positivas que practica cada día, ¿por qué no construir su
autoestima y atacar sus mayores problemas al mismo
tiempo? No tema ni se preocupa por ello; haga algo
específico al respecto. La disciplina es algo que edifica
la moral. Levante la suya dando pequeños pasos que
le lleven en una dirección positiva.

Y cuando hace lo correcto o da un pequeño paso en
la dirección correcta, tome un descanso y celebre las
pequeñas victorias. Si nada de lo que hace nunca es suficientemente bueno, se puede desanimar. Celebrar le
anima, le ayuda a inspirarse para seguir avanzando.
Dígase a sí mismo: "Hice lo correcto, ¡bien hecho! Estoy
mucho más cerca del éxito". No subestime el poder de
celebrar las pequeñas victorias. Cada acción positiva

*Enumere tres pasos pequeños de crecimiento que tomará hoy hacia una dirección positiva y cómo celebrará las victorias.*

que emprenda le ayuda a creer en usted, lo cual a cambio le ayuda a emprender más acciones positivas.

# DÍA

**24**

*El desarrollo personal es la creencia de que
usted bien vale el esfuerzo, el tiempo y la
energía necesarios para desarrollarse.*
DENIS WAITLEY

¿Qué valora usted? ¿Qué le hace ver una visión positiva para su vida? Si no tiene una visión, probablemente sea alguien apático. Sin embargo, si sintoniza con lo que valora e intenta ver lo que podría ser, eso puede inspirarle a emprender acciones positivas.

Me encantaría poder sentarme con usted, oír su historia, y animarle específicamente en su viaje. Si ha pasado por un tiempo difícil y no se siente bien consigo mismo, quiero decirle que usted tiene valor. Usted importa. Su vida puede cambiar, y usted puede marcar la diferencia, sin importar qué tipo de trasfondo tenga o de dónde venga. No importa cuáles hayan sido sus traumas o qué errores haya cometido, porque puede aprender y crecer. Usted puede convertirse en la persona que puede llegar a ser basado en su potencial; tan solo necesita creer en usted. Cada vez que dé un paso, tenga un pensamiento positivo, tome una buena decisión, ponga en práctica una pequeña disciplina, estará un paso más cerca de su destino. Siga avanzando, y siga creyendo.

# DÍA

## 25

*Siga la acción eficaz con una callada
reflexión. De la callada reflexión
llegará una acción aún más eficaz.*
PETER F. DRUCKER

Si usted es casi tan mayor como yo, quizá recuerde el viejo eslogan que una vez usó Coca-Cola. Lo llamaron Coke [*kouk*], "la pausa que refresca". Eso es lo que supone la reflexión para alguien que desea crecer. Aprender a hacer una pausa permite que el crecimiento le alcance.

Durante más de dos mil años, la gente ha estado citando a Julio César que decía que la experiencia es la mejor maestra. Con el debido respeto a César, tengo que discrepar con esa declaración. La experiencia no es la mejor maestra, ¡pero la experiencia evaluada sí! La única razón por la que alguien pudo hacer esa afirmación fue porque había aprendido mucho meditando en su vida y escribiendo al respecto.

Hay un viejo chiste que dice que la experiencia es una maestra muy dura porque primero hace el examen y luego da la lección. Es cierto, pero solo si la persona se toma el tiempo de reflexionar después de

*Saque su calendario y deje un tiempo en agenda para pausar y reflexionar de unos 10 a 30 minutos al final de cada día, al menos una hora o dos por semana, parte del día varias veces al año, y como mínimo de un día a una semana como máximo anualmente. Proteja este tiempo como si fuera una de sus más importantes citas.*

la experiencia. De lo contrario, usted recibe el examen primero y la lección quizá no llegue nunca. Las personas tienen incontables experiencias cada día, y muchos no aprenden nada de ellas porque nunca dedican un tiempo para hacer una pausa y reflexionar. Por eso es tan importante hacer una pausa y dejar que el entendimiento llegue hasta donde estamos nosotros.

# DÍA

## 26

*La vida solo se puede entender al revés;*
*pero se debe vivir hacia adelante.*
SOREN KIERKEGAARD

Detenerse para reflexionar es una de las actividades más valiosas que la gente puede hacer para crecer. Tiene mucho más valor para ellos que incluso la motivación o el ánimo. ¿Por qué? Porque hacer una pausa les permite asegurarse de que están en el camino indicado. A fin de cuentas, si alguien va por el camino erróneo, no necesita motivación para ir más deprisa. Lo que necesita es detenerse, reflexionar y cambiar el curso.

Si no tomamos un tiempo para hacer una pausa y reflexionar, podemos pasar por alto el significado de ciertas experiencias que son marcadores de la vida. Vamos a algún lugar, o somos parte de un evento, o conocemos a alguien que de alguna manera nos marca de por vida porque ocurrió algo importante. A menudo, estos marcadores identifican un tiempo de transición, cambio o transformación. La reflexión permite que esas experiencias pasen de ser *marcadores* de vida a *hacedores* de vida. Si hacemos una pausa para permitir que el crecimiento nos alcance, eso mejora nuestras

*Pause y escriba su reflexión acerca de la más reciente persona o experiencia significativa que cambió la manera en que piensa. ¿Cómo eso se ha convertido o puede convertirse en un marcador de vida?*

vidas, porque no solo entendemos mejor el significado de lo que hemos experimentado, sino que también podemos implementar cambios y correcciones de curso como resultado. También estamos mejor preparados para enseñar a otros la sabiduría que hemos obtenido.

# DÍA

## 27

*Cuando usted crea un lugar de soledad en medio de sus acciones y preocupaciones, sus éxitos y fracasos lentamente pueden perder parte de su poder sobre usted.*
HENRI J. NOUWEN

Estudie las vidas de los grandes hombres y mujeres que han causado un impacto en el mundo y descubrirá que, en casi todos los casos, pasaban una cantidad de tiempo considerable a solas pensando. Cada líder religioso importante de la historia pasaba tiempo en soledad. Cada líder político que ha tenido un impacto en la historia practicaba la disciplina de la soledad para pensar y planear. Los grandes artistas pasaban incontables horas en sus estudios o con sus instrumentos no solo haciendo, sino explorando sus ideas y experiencias. La mayoría de los rectores universitarios dan tiempo a su profesorado no solo para enseñar, sino para pensar, investigar y escribir.

El tiempo a solas permite que la gente analice su experiencia, la ponga en perspectiva y planifique para el futuro.

Yo le animo encarecidamente a encontrar un lugar

*¿Qué funcionará mejor para usted? Identifique dos o tres lugares donde usted pueda consistente y efectivamente pausar y reflexionar. Luego vaya a otro a pensar.*

para pensar y disciplinarse para hacer una pausa y usarlo, porque tiene el potencial de cambiar su vida. Pudiera ser un cuarto en su hogar, un lugar público tranquilo, o aun en su vehículo. Dondequiera que sea, hacerlo puede ayudarle a descubrir lo que es realmente importante y lo que no lo es.

# DÍA

## 28

*Todas las cosas son fáciles de entender
cuando se descubren. El punto es
descubrirlas. Eso requiere investigación.*

GALILEO

Cuando dedique un tiempo a hacer una pausa y reflexionar, estas son las direcciones básicas en las que su pensamiento debería ir:

*Investigación*. Hacer una pausa significa algo más que ir más despacio para oler las rosas. Significa detenerse y solventar las cosas. Eso, por lo general, requiere que una persona haga preguntas. El crecimiento continuo que se obtiene de las experiencias solo es posible si descubrimos ideas y principios que hay en ellas mediante la investigación.

*Incubación*. Es tomar una experiencia de la vida y ponerla a fuego lento en su mente para que hierva un rato. Es muy similar a la meditación, escuchar y aprender. Yo le doy el tiempo necesario a las ideas hasta que descubro una perspectiva o experimento la siguiente "I", que es…

*Iluminación*. Jim Rohn destacó: "Al final de cada día, debería volver a poner las cintas de su desempeño. Los

*Al final de este día, pause y reflexione en su ejecutoria. Escriba abajo las perspectivas o verdades que descubra. ¿Qué iluminación obtuvo de este día?*

resultados deberían o bien aplaudirle, o darle un codazo". Lo que él está hablando es de la iluminación. Estos son esos momentos "¡ajá…!" de la vida, las epifanías en las que de repente entiende o ve algo por primera vez. Es cuando se enciende la bombilla proverbial. Pocas cosas en la vida son más reconfortantes que esos momentos.

# DÍA

## 29

*Las personas de éxito hacen mejores preguntas, y*
*como resultado, reciben mejores respuestas.*
ANTHONY ROBBINS

Siempre que me tomo un tiempo para hacer una pausa y reflexionar, comienzo haciéndome una pregunta. Siempre que estoy pensando y reflexionando y siento que me he tropezado con un obstáculo, me hago preguntas. Si estoy intentando aprender algo nuevo o profundizar en un área para poder crecer, hago preguntas. Paso mucho tiempo de mi vida haciendo preguntas.

No puedo enfatizar más la importancia de hacer buenas preguntas cuando se trata del crecimiento personal. Si sus preguntas están enfocadas, estimularán el pensamiento creativo. ¿Por qué? Porque una pregunta bien hecha tiene algo que a menudo penetra hasta el corazón del asunto y consigue sacar nuevas ideas y perspectivas.

Si sus preguntas son honestas, le llevarán a convicciones sólidas. Si hace preguntas de calidad, le ayudarán a crear una vida de calidad. Sir Francis Bacon, filósofo inglés, estadista, científico, abogado, jurista, escritor y

*¿En dónde usted necesita crecer más ahora mismo? Escriba una lista de preguntas que le ayuden a examinar y evaluar qué necesita hacer para que eso se logre. Si tiene problema para comenzar, trate estas palabras: Qué, Por qué, Cómo, Cuándo, Quién.*

pionero del método científico, afirmó: "Si una persona comienza un proceso con certezas, terminará con dudas; pero si accede a comenzar con dudas, terminará con certezas".

# DÍA

**30**

*Lo que haremos en alguna gran ocasión dependerá
de lo que seamos; y lo que seamos será el
resultado de años previos de autodisciplina.*
H. P. LIDDON

Lo que quiera lograr en la vida y dónde se encuentre en el viaje determinarán en qué áreas necesita meditar más hoy, confeccionando para usted mismo algunas preguntas. Pero lo más importante que debe hacer es escribir las preguntas y respuestas que le ayudarán a desarrollar una conciencia personal. ¿Por qué? Porque descubrirá que lo que piensa después de escribir la respuesta es distinto de lo que pensaba antes de escribirla. Escribir le ayuda a descubrir lo que verdaderamente sabe, piensa y cree.

Todo esto puede que le parezca mucho trabajo y esfuerzo. Y es cierto, tiene usted razón. Esta es la razón por la que la mayoría de las personas nunca lo hacen. Pero vale la pena todo el esfuerzo que haga. Cuanto más lejos vaya en la vida, más importante es que le dedique tiempo a hacer una pausa y pensar. Nunca olvide que su objetivo en el crecimiento personal es alcanzar su potencial. Aquí están las buenas noticias:

Si usted ha sido diligente en su esfuerzo de crecer durante el camino, también estará mejor equipado para cumplir esa propósito, aunque le suponga hacer cambios significativos o modificar su curso.

# DÍA

## 31

*La marca de la excelencia, la prueba
de la grandeza, es la persistencia.*
JIM TRESSEL

Creo firmemente en la motivación y la inspiración. Pero esto es lo que ocurre con respecto al crecimiento personal: la motivación le pone en marcha, pero la disciplina le hace seguir creciendo. No importa cuánto talento usted tenga o cuántas oportunidades reciba. Si quiere crecer, la clave es la persistencia. Si quiere ser más disciplinado y persistente en su desempeño, tiene que ser más disciplinado y persistente en su crecimiento.

Todo el tiempo veo a personas con propósito que no son persistentes en su progreso. Tienen la ambición de tener éxito y muestran aptitud para su trabajo, y a la vez no avanzan. ¿Por qué? Porque creen que pueden dominar su trabajo y que no necesitan dominarse a sí mismos. Qué error.

Su futuro depende de su crecimiento personal. Mejorarse a sí mismo cada día le garantiza un futuro lleno de posibilidades. Cuando se expande a sí mismo, expande sus horizontes, sus opciones, sus

*Mencione algo que le gustaría mejorar en usted. Haga un plan para hacer una sola cosa cada día por la próxima semana que le ayudará a mejorarse en esa área y siga el plan.*

oportunidades, su potencial. Cuanto más sintonizado está con su propósito, y más dedicado está en cuanto a crecer hacia él, mejores serán sus oportunidades de alcanzar su potencial, expandir sus posibilidades y hacer algo significativo.

_____

_____

_____

_____

_____

_____

_____

_____

_____

_____

_____

_____

_____

_____

# DÍA

## 32

*Los problemas surgen para los introvertidos, porque
ellos a menudo no analizan de cerca la situación
externa lo suficientemente y, por consiguiente, no
la ven realmente. Los extrovertidos a menudo no
se detienen a analizar una situación específica lo
suficientemente como para ver la idea subyacente.*

ISABEL BRIGGS MYERS

¿Tiene alguna idea de cómo mejorar? Para darse
a usted mismo la oportunidad de ser persistente en
su crecimiento, comience dando un empuje a su tipo
de personalidad para comenzar. Hay docenas de per-
files de personalidad y sistemas que las personas usan.
Tan solo tiene que dar con esa fortaleza en su tipo de
personalidad para comenzar a tener éxito en cuanto a
motivación se refiere.

Si usted es flemático, usted tiende a ser tranquilo
y agradable, pero pudiera carecer de iniciativa. Su
automotivación será encontrar el valor en lo que tiene
que hacer y enfocarse en ello.

Si usted es colérico, usted tiende a tomar el mando
con facilidad y decisiones con rapidez, pero si no
está "al mando", no participa. Su automotivación será

*Tome un examen de personalidad para que le ayude a determinar su tipo de personalidad. (Ejemplos pueden ser Indicador de Tipos Myers-Briggs (MBTI por sus siglas en inglés), DiSC, y Personality Plus). Escriba una descripción de cómo usted puede alinear sus métodos de motivación con su tipo de personalidad.*

estar al mando de cómo va a crecer y apegarse a ello.

Si usted es sanguíneo, usted tiende a ser el alma de la fiesta, pero por lo general tiende a desenfocarse. Su automotivación para crecer será hacer un juego de ello u otorgarse a sí mismo recompensas por los aumentos de éxito.

Si usted es melancólico, usted tiende a prestar atención a los detalles, pero debido a su deseo de hacerlo todo a la perfección, tiene miedo a cometer errores. Su automotivación será en enfocarse en el gozo de desarrollar y dominar su materia de estudio.

# DÍA

## 33

*Yo trabajo con el mismo principio que las personas que entrenan caballos. Empiezo con vallas bajas, metas que se logran fácilmente, y voy subiendo. Es importante en la gestión nunca pedir a las personas que intenten conseguir metas que no puedan aceptar.*

IAN MACGREGOR

¿Cuál es el error número uno de los jardineros inexpertos? El mismo que el de muchas personas que se acercan al crecimiento personal por primera vez: intentar abarcar demasiado. ¿Cuál es el resultado? Desánimo. Cuando quiere abarcar demasiado en poco tiempo, tiene casi garantizado el no alcanzar los resultados que desea. Eso desmotiva. El secreto para conseguir el auge motivacional es comenzar con poco con las cosas sencillas.

Si quiere obtener auge y mejorar su motivación, comience poniéndose metas que merezcan la pena, pero que se puedan alcanzar fácilmente. Domine lo básico, y luego practíquelo cada día sin fallar. Las pequeñas disciplinas repetidas con persistencia cada día llevan a grandes logros obtenidos lentamente con el tiempo.

Andrew Wood afirmó: "Donde muchas personas se

*Escriba una lista de cinco pasos incrementales sencillos que usted tomará para alcanzar el objetivo de su crecimiento personal. ¿Puede lograr alcanzar el paso uno hoy?*

equivocan al intentar alcanzar sus metas es en buscar constantemente el gran golpe, el *home run*, la respuesta mágica que de repente haga que sus sueños se transformen en realidad. El problema es que ese gran golpe nunca llega sin haber dado primero una buena cantidad de golpes pequeños. El éxito en la mayoría de las cosas no viene como consecuencia de grandes golpes de suerte, sino de un progreso sencillo gradual".

# DÍA

## 34

*Tenga paciencia. Todo es difícil antes de volverse fácil.*

SAADI

Cuando aconsejo a alguien ser paciente, yo soy la persona que más debe aprenderlo. La impaciencia es una de mis mayores debilidades. Creo que viene como resultado de tener expectativas irrealistas, de mí mismo y de los demás. Todo lo que quiero hacer tarda más de lo que espero. Cada esfuerzo que lidero es más difícil de lo que creí que sería. Cada proyecto que emprendo es más caro de lo que esperaba. Cada tarea que delego a otra persona es más complicada de lo que esperaba. Algunos días creo que la paciencia es una forma inferior de desesperación disfrazada de virtud.

Y no estoy solo en esto. Si es usted estadounidense, como yo, estará de acuerdo en que, como cultura, tenemos un problema con la paciencia. Lo queremos todo rápido. Vivimos en un país con restaurantes de comida rápida y clínicas de pérdida rápida de peso. Qué irónico.

La mayoría de las personas nunca se dan cuenta de lo cerca que están de lograr cosas significativas, porque se dan por vencido demasiado pronto. Todo lo que merece la pena en la vida conlleva dedicación y tiempo. Las personas que crecen y logran más son las que aprovechan el poder de la paciencia y la persistencia.

# DÍA

35

*Demasiadas personas creen que el gran*
*éxito público resolverá sus problemas de*
*autoconfianza para siempre. Eso solo ocurre en*
*las películas. En la vida real, lo que funciona*
*es la estrategia contraria. Llámelo si quiere*
*el enfoque de "las pequeñas victorias".*
JACK Y SUZY WELCH

Una de las mejores cosas que puede hacer por usted mismo como estudiante es cultivar la habilidad para valorar y disfrutar el proceso del aprendizaje. Le llevará mucho tiempo, así que bien podría disfrutar del viaje.

Hace varios años, mi amiga Charlene Armitage, quien es una *coach* de vida exitosa, subrayó la importancia del proceso que la gente debe desarrollar para crecer y cambiar la dirección de sus vidas. Ella dijo: "Las metas de la vida se alcanzan estableciendo metas anuales. Las metas anuales se alcanzan a través de metas diarias. Las metas diarias se logran haciendo cosas que al principio pueden resultar un tanto incómodas, pero que finalmente se convierten en hábitos. Los hábitos son poderosos. Los hábitos convierten las

*¿Qué hábitos o actividades disfruta que además le ayudan a crecer personalmente? Programe un tiempo hoy para perseguir esos hábitos.*

acciones en actitudes, y las actitudes en estilos de vida".

Usted puede visualizar el mañana usándolo como una motivación para crecer, pero si realmente quiere crecer, tiene que enfocarse en el presente. Si valora el hoy y encuentra una manera de disfrutarlo, invertirá en el hoy, y los pequeños pasos que dé hoy le llevarán a pasos mayores que dará algún día.

# DÍA

## 36

*Una vez que aprende a rendirse,*
*se convierte en un hábito.*
VINCE LOMBARDI

Saber *qué* mejorar y *cómo* mejorar son aspectos vitales para la persistencia en el crecimiento personal. Pero igual de importante es saber el *porqué*. El *cómo* y *qué* le llevarán solo hasta cierto punto. El *porqué* es lo que le mantiene motivado mucho después de que se acabe ese primer empujón de energía y entusiasmo. Tener un fuerte *por qué* le ayudará a seguir avanzando cuando la disciplina del aprendizaje se haga difícil, desalentadora o tediosa. Si su crecimiento está conectado a sus valores, sueños y propósito, sabrá por qué lo está haciendo. Puede sostenerle cuando la fuerza de voluntad no sea suficiente. Piense en ello como en "el poder del *porqué*".

Tiene que encontrar más y mejores *porqués* a fin de poder seguir *queriendo* esforzarse por crecer. Mientras más razones válidas tenga para lograr su sueño, mayores probabilidades tendrá de conseguirlo. Ese principio también sirve para el crecimiento. Cuantas más

*Compile su lista de los "porqués" está buscando el crecimiento personal, anote los beneficios inmediatos así como los de largo plazo. Siéntase libre de añadir a esta lista cada vez que descubra una nueva razón.*

razones encuentre para crecer, más probabilidades tendrá de llegar hasta el final.

Cuando toma las decisiones correctas, por pequeñas que sean, y lo hace regularmente a lo largo del tiempo, puede marcar una enorme diferencia en su vida. Si recuerda el *porqué* está tomando esas decisiones, se vuelve más fácil.

# DÍA

## 37

*Desde que se levanta en la mañana hasta que se va a dormir en la noche, sus hábitos controlan en gran parte las palabras que dice, las cosas que hace y las maneras en que reacciona y responde.*

BRIAN TRACY

¿Cuándo tiene que mejorar? Primero la respuesta obvia: ahora mismo. Hoy. Y lo que es más importante aún, necesita que el hoy sea cada día.

No cambiará su vida hasta que no cambie algo de lo que hace diariamente. Eso significa desarrollar grandes hábitos. La disciplina es el puente entre las metas y los logros, y debe cruzar ese puente todos los días. Con el tiempo, ese cruce diario se convierte en un hábito. Y en última instancia, las personas no deciden su futuro; deciden sus hábitos y sus hábitos deciden su futuro.

¿Qué está haciendo diariamente que tiene que cambiar? ¿Qué debe hacer? Quizá más importante aún, ¿qué debe deshacer? La columnista de consejos Abigail Van Buren bromeó diciendo: "Un mal hábito nunca se va por sí mismo. Siempre es un proyecto de 'deshágalo usted mismo'". ¿Qué está dispuesto a cambiar de lo que hace hoy para cambiar lo que hará mañana?

*Una semana atrás, en el día 30, usted hizo un plan de hacer algo conducente a su objetivo cada día. ¿Lo siguió al pie de la letra? Piense sobre su experiencia, ¿está funcionando ese plan o necesita hacer algo diferente?*

# DÍA

*No es lo que hacemos de vez en cuando
lo que le da forma a nuestras vidas, sino
lo que hacemos persistentemente.*
ANTHONY ROBBINS

La persistencia no es cosa fácil, pero para tener éxito debemos aprender a ser persistentes. Debe descubrir lo que funciona en su caso, pero aquí le dejo lo que ha funcionado conmigo. En vez de concentrarme en las metas, me concentro en mi crecimiento. Esta es la diferencia:

| Concentrarse en las metas | Concentrarse en el crecimiento |
| --- | --- |
| Se enfoca en un destino | Se enfoca en el viaje |
| Le motiva a usted y a otros | Le madura a usted y a otros |
| Temporal | Para toda la vida |
| Le desafía a usted | Le cambia a usted |
| Cesa cuando se alcanza la meta | Le mantiene creciendo después de alcanzar la meta |

Creo tan firmemente en las personas y en el potencial humano, no solo en otros sino también en mí mismo, que nunca quiero ponerle límite estableciendo

*¿En qué maneras usted tiende a enfocarse en las metas en vez del crecimiento? ¿Qué podría hacer para cambiar su enfoque más hacia el crecimiento?*

metas que pudieran ser demasiado pequeñas. Si cree en sí mismo y en el potencial que usted tiene, y luego se enfoca en el crecimiento en vez de enfocarse en las metas, nadie puede decirle lo mucho que puede crecer. Tan solo necesita trabajarlo consistentemente mientras sigue creyendo en usted.

# DÍA

39

*Existen dos opciones importantes en la
vida: aceptar las condiciones tal como son o
aceptar la responsabilidad de cambiarlas.*
DENIS WAITLEY

Cuando me di cuenta por primera vez de mi necesidad de crecimiento, me senté y escribí lo que llamo "Mi entorno de crecimiento". Desde entonces me ha ayudado a guiar mi toma de decisiones en cuanto al crecimiento personal. Dice que en un entorno de crecimiento...

Otros están *Por delante de mí.*

Soy constantemente *Desafiado.*

Mi enfoque es *Hacia delante.*

La atmósfera es de *Afirmación.*

El fracaso no es mi *Enemigo.*

Me despierto *Emocionado.*

A menudo estoy fuera de mi *Zona de comodidad.*

Otros están *Creciendo.*

Las personas desean *Cambiar.*

El crecimiento se *Modela* y se *Espera.*

Cuando mi intuición me dice que mi entorno no está conduciendo al crecimiento personal, voy a la lista y encuentro que la mayoría de esas declaraciones no aplican a mi situación actual. Así que determino cambiarme a mí mismo y cambiar mi entorno. Si usted lee esta lista y siente que la mayoría de esas declaraciones no aplican a su vida, usted debe hacer lo mismo.

# DÍA

**40**

*El primer paso hacia el éxito lo da cuando
rehúsa ser un cautivo del entorno en el
que se encuentra por primera vez.*
MARK CAINE

Creo que en algún punto durante la vida de una persona se produce una necesidad de cambiar de entornos a fin de crecer para alcanzar todo nuestro potencial, porque debemos estar en el entorno adecuado. Eso, por lo general, demanda que hagamos cambios en nuestra vida.

Probablemente haya visto la frase *crecimiento = cambio*. Es posible cambiar sin crecer, pero es imposible crecer sin cambiar. Una de las claves para hacer los cambios adecuados que nos permitan crecer es conocer la diferencia entre un problema o desafío, lo cual puedo cambiar, y un hecho de la vida, lo cual no puedo cambiar. Por ejemplo, usted no puede cambiar quiénes son sus padres, su estatura o cara, o su ADN. Pero puede cambiar su actitud con respecto a estas cosas. Debe hacer lo mejor que pueda para vivir con ellas.

Un problema es distinto. Un problema es algo en lo que usted *puede* hacer algo al respecto. Si su entorno

*Escriba un análisis honesto sobre si su trabajo actual es un lugar donde usted entiende que podrá crecer y progresar. Si es un obstáculo para el crecimiento, ¿qué hará para cambiarlo?*

actual es negativo, usted puede cambiarlo, o al menos, empezar a hacer pequeños cambios que le dirijan a dejarlo.

# DÍA

## 41

*Ámese a sí mismo lo suficiente como para crear un entorno en su vida que sea propicio para nutrir el crecimiento personal. Permítase a sí mismo dejar ir a las personas, pensamientos y situaciones que envenenan su bienestar.*

STEVE MARABOLI

Si está considerando hacer un cambio de un entorno profesional a otro entorno que propicie crecimiento, debe asegurarse de que es el correcto. En mis transiciones, comencé dedicando una buena cantidad de tiempo a evaluar dónde me encontraba y por qué quería cambiar. Estos factores importantes fueron suficientes como para hacerme mirar a la incómoda realidad de que tenía que hacer cambios.

Una de las formas de saber si está creciendo y si está en un entorno propicio para crecer es discernir dónde se ve más adelante de donde se encuentra ahora. Si el futuro le parece incierto o limitado, quizá tenga que empezar a hacer algunos cambios.

Si le resulta difícil juzgar su situación, puede abordarlo desde otra dirección. Puede hacerse preguntas que le ayuden a entender quién y qué le nutre personalmente,

*En su entorno profesional presente, describa quién o qué le nutre personalmente. ¿Cómo ve el futuro?* y luego descubrir si está consiguiendo o no esas cosas. La idea principal es conocerse y evaluar si está consiguiendo lo que necesita en su entorno actual. Si es así, celébrelo. Si no, prepárese para tomar algunas decisiones difíciles.

# DÍA

## 42

*El que con sabios anda, sabio se vuelve; el que con necios se junta, saldrá mal parado (Prov. 13:20, NVI).*
REY SALOMÓN

Hace muchos años, conocí a un escritor cuyos libros admiraba: Elmer Towns. Durante una conversación privada, me preguntó: "¿Sabes cómo calentar un atizador? Ponlo cerca del fuego". Después siguió explicándome que si nuestro entorno está frío, nosotros estamos fríos. Si está caliente, nosotros estamos calientes. "Si quieres crecer", me dijo, "entonces pasa tiempo con buenas personas; visita buenos lugares; asiste a buenos eventos; lee buenos libros, escucha buenos audios".

Esas palabras me animaron a comenzar mi búsqueda para reunirme con líderes de todo el país que estuvieran por delante de mí profesionalmente. Eso cambió mi vida.

Si cambiar de entorno no es una opción viable para usted, acérquese a personas que lo calienten. Su calor, en forma de pasión, talento, energía, visión y entusiasmo, se le pegará y le ayudará a seguir creciendo y aprendiendo, no importa los obstáculos que enfrente.

¿Qué personas que están "encendidas" usted admira? ¿Qué podría hacer para pasar tiempo aprendiendo de ellas?

# DÍA

## 43

*El secreto del éxito es estar listo*
*cuando su oportunidad llega.*
BENJAMÍN DISRAELI

Una de las cosas más positivas acerca de estar en un entorno de crecimiento es que le aporta espacio para volar, pero debe ser usted intencional en cuanto a encontrar y crear esas oportunidades de crecimiento. Debe desarrollar el hábito y la disciplina de desafiarse a usted mismo.

Una de las principales formas en que me desafié fue haciendo públicas mis metas. Pocas cosas empujan más a una persona que una fecha de entrega y una audiencia. Otra manera en que me he desafiado es buscar una gran oportunidad de crecer cada semana, terminarla y aprender de ella. Si eso requiere reunirme con alguien que está más adelante que yo, me preparo de antemano haciendo cinco preguntas:

*¿Cuáles son sus fortalezas?* (donde más se aprende)

*¿Qué están aprendiendo ahora?* (capturar su pasión)

*¿Qué necesito en estos momentos?* (aplicar lo que aprendo a mi situación)

*¿Con quién se han reunido, qué han leído o qué*

*Programe un momento para conocer al menos una persona que esté más adelante de usted en un área de crecimiento en la próxima semana. Planee para la reunión hacerse las cinco preguntas que yo me hago a mí mismo.*

han hecho que les haya ayudado? (encontrar más oportunidades de crecimiento)

*¿Qué no les he preguntado y debería?* (permite señalar cambios que yo tenga que hacer según su perspectiva)

93

# DÍA

## 44

*Haga lo que pueda, donde usted*
*esté, con lo que usted tiene.*
TEODORO ROOSEVELT

Los cambios que queremos hacer en nuestra vida solo llegan en el presente. La Madre Teresa dijo: "El día de ayer ya pasó. El mañana aún no ha llegado. Solo tenemos el hoy. Comencemos". Si tiene que hacer cambios en usted y su entorno, no viva en el pasado, porque no puede cambiarlo. No se preocupe por su futuro, porque no puede controlarlo. Enfóquese en el momento actual y en lo que puede hacer ahora.

El crecimiento siempre se produce pasando a la acción, y pasar a la acción casi siempre produce crítica. El poeta Ralph Waldo Emerson dijo: "Sea cual sea el curso de acción que decida emprender, siempre habrá alguien que le diga que está equivocado". Sus palabras podrían doler, pero avance de todas formas. Para alcanzar su potencial, debe hacer no solo lo que otros no creen que pueda hacer, sino incluso lo que usted crea que no puede hacer. La mayoría de las personas se subestiman a sí mismos. Se preparan para lo que saben que pueden lograr, cuando deberían llegar a aquello

*Piense en uno de sus objetivos de crecimiento personal. ¿Qué usted cree que sería capaz de lograr en esa área? Ahora piense un nivel más allá de ese, y tome la acción para alcanzarlo.*

que está fuera de su alcance. Si no intenta crear el futuro que quiere, debe aguantarse con el futuro que obtenga.

_____

_____

_____

_____

_____

_____

_____

_____

_____

_____

_____

_____

_____

_____

_____

_____

# DÍA

## 45

*Si no diseña su propio plan de vida, es probable
que caiga en el plan de otra persona. ¿Y sabe lo que
puede que haya planeado para usted? No mucho.*
JIM ROHN

La mayoría de las personas permiten que
sencillamente sus vidas sucedan. Van flotando; esperan; reaccionan. Y cuando una gran parte de su
vida está a sus espaldas, se dan cuenta de que deberían haber sido más proactivos y estratégicos. Ellas
permiten que sus vidas se tornen complicadas y les
confían a otros sus planes.

Yo creo que la vida es bastante sencilla. Es cuestión de conocer sus valores, tomar algunas decisiones
clave basadas en esos valores, y entonces manejar esas
decisiones diariamente. Pero la vida tiene su manera
de volverse complicada, y solamente mediante un
gran esfuerzo podemos mantenerla sencilla.

De una conversación que tuve con el autor y fun-
dador de iglesias Neil Cole, salí determinado a di-
señar mi vida tan sencillamente como fuera posible
descubriendo y desarrollando sistemas para mi crecimiento que pudieran ser (1) recibidos personalmente,

*Escriba una evaluación honesta de las estrategias que usted ha desarrollado para su crecimiento. ¿Qué necesita cambiar en cualquiera de ellas para hacerlas más personal, repetible y transferible?*

(2) repetibles fácilmente, y (3) transferibles estratégicamente. Esos sistemas me ayudan a mantener la batalla contra la complejidad en mi vida cada día. Creo que también pueden ayudarle a usted, si toma acción. Una estrategia hermosamente concebida no le hace ningún bien si no puede utilizarla.

# DÍA

## 46

*Solo se vive una vez. Pero si la lleva a cabo bien, una vez es suficiente.*
FRED ALLEN

No hay modo de hacer calentamiento para la vida, no hay prueba de vestuario, sin embargo, este es el modo en que muchas personas parecen tratarla. Cada uno de nosotros sale a escena frío, sin preparación, y tenemos que descubrirla a medida que avanzamos. Eso puede ser confuso. Fracasamos. Cometemos errores. Pero aun así necesitamos darle lo mejor de nosotros desde el comienzo mismo.

Si usted planea bien su vida, entonces su carrera se solucionará por sí sola. El problema es que la mayoría de las personas no emplean mucho tiempo planeando sus carreras tampoco. Emplean más tiempo planeando la Navidad o sus vacaciones. ¿Por qué? Porque las personas se enfocan en lo que creen que les dará el mayor beneficio. Si usted no cree que puede tener éxito en su vida a largo plazo, no es muy probable que vaya a darle la atención que merece en cuanto a planificación.

Planear su vida se trata de encontrarse a usted mismo, saber quién es y después adaptar un diseño

*Escriba una evaluación de aquellas áreas en su vida que reciben el mayor tiempo de planeamiento estratégico (carrera, fe, familia, salud, pasatiempo, matrimonio, crecimiento personal, vacaciones). ¿Qué áreas necesitan convertirse en una de mayor prioridad?*

para su crecimiento. Una vez que traza la huella para su vida, entonces puede aplicarla a su carrera.

# DÍA

**47**

*No tema cuando crezca lentamente;*
*tema solo cuando esté paralizado.*
PROVERBIO CHINO

Soy consciente de que soy una persona especialmente impaciente, pero creo que todas las personas naturalmente desean que las cosas lleguen fácil y rápidamente, inclusive el crecimiento personal. A lo largo del tiempo, he aprendido que las cosas importantes en la vida normalmente toman más tiempo del que esperábamos y cuestan más de lo que anticipábamos. El secreto no es en realidad querer más o quererlo más rápido; es poner más tiempo y atención en lo que usted tiene y lo que puede hacer ahora.

Emplee tres veces el esfuerzo y la energía para desarrollarse a sí mismo. Y permítase crecer lentamente y con raíces profundas. Recuerde que una calabacera o una planta de tomate crecen en cuestión de semanas, producen para varios días o semanas, y después se secan cuando llegan las primeras heladas. En comparación, un árbol crece lentamente, a lo largo de años, décadas o incluso siglos; produce fruto para décadas; y si es sano, soporta las heladas, las tormentas y la sequía.

*Escriba una lista de las áreas de crecimiento que le están tomando más tiempo o costando más de lo que anticipaba. ¿Qué cambio puede hacerle a su estrategia de crecimiento para mantenerlo moviéndose hacia adelante?*

A medida que usted desarrolle estrategias para el crecimiento, permítase el tiempo y los recursos que necesite. Cualquier cantidad que le parezca razonable, multiplíquela por dos. Esa práctica le ayudará a evitar desalentarse y tirar la toalla demasiado pronto.

# DÍA

## 48

*Los sistemas les permiten a personas comunes
lograr resultados extraordinarios predeciblemente.
Sin embargo, sin un sistema, incluso las personas
extraordinarias tienen dificultades para lograr
previsiblemente incluso resultados comunes.*

MICHAEL GERBER

La mayoría de logros en la vida llegan más
fácilmente si se les enfoca estratégicamente. Rara vez
un enfoque al azar de cualquier cosa tiene éxito. Y
si llega a dar fruto, no es repetible. Por tanto, ¿cómo
logra usted algo estratégicamente de modo regular?
Creando y utilizando sistemas. Uno de los mayores
secretos de mi crecimiento personal y mi elevada productividad es que utilizo sistemas para todo.

¿Qué es un sistema? Es un proceso para lograr predeciblemente una meta basado en principios y prác-
ticas específicas, ordenados y repetibles. Los sistemas
influyen en su tiempo, su dinero y sus capacidades. Son
estupendas herramientas para el crecimiento personal.
Los sistemas son deliberados, intencionales y prácticos.
Realmente funcionan, a pesar de cuál sea su profesión,
nivel de talento o experiencia. Mejoran su rendimiento.

*Piense en algo que consistentemente lo encuentra estresante o sobrecogedor. Luego piense en algunos sistemas diferentes para que usted pueda maximizar su tiempo y aumentar su eficiencia en lidiar con esa situación.*

Una vida sin ningún sistema es una vida en que la persona debe enfrentarse a cada tarea y desafío desde cero.

# DÍA

## 49

*Puede que estemos muy ocupados, puede
que seamos muy eficientes, pero también
seremos verdaderamente eficaces solo cuando
comencemos teniendo en mente el final.*
STEPHEN COVEY

Cuando comencé a crear sistemas para mi crecimiento personal, estaban muy enfocados. Sabía que estaría hablando cada semana de mi vida. Así que comencé a leer y encontrar citas e ilustraciones que archivaba diariamente. Mis esfuerzos tenían que sostener y hacer avanzar mis capacidades en esas áreas.

Las personas que prosperan, independientemente de su profesión, desarrollan sistemas para ayudarles a alcanzar el cuadro general. No basta con estar ocupado. Si usted está ocupado planificando, ocupado leyendo libros y ocupado asistiendo a conferencias, pero esas cosas no están dirigidas a las áreas esenciales de su éxito, no se está haciendo ningún favor. Como dice el dicho, la tristeza es no saber lo que queremos y matarnos para conseguirlo.

¿Cuál es su cuadro general? ¿En qué áreas debe crecer para lograr su propósito? El autor y profesor

*¿Cuáles son sus fortalezas? ¿Y qué sistemas puede desarrollar para incrementar sus fortalezas y ayudarle a alcanzar sus objetivos del cuadro general hoy y diariamente?*

C. S. Lewis dijo: "Cada persona está compuesta de unos cuantos temas". ¿Cuáles son los suyos? ¿Y qué sistemas puede desarrollar usted para avanzar en esas áreas hoy y cada día? Yo tuve que dejar de leer libros simplemente por placer y leer libros que me ayudaran en mis áreas de crecimiento. También tomé dos clases de lectura acelerada para ayudarme a mejorar. ¿Qué tiene que hacer usted?

# DÍA

## 50

*Quizá la mejor cita que pueda recordar y
repetir una y otra vez sea: "¿Cuál es el mejor
uso de mi tiempo que puedo hacer ahora?".*
BRIAN TRACY

Un sistema le ayudará de manera limitada si no tiene en cuenta sus prioridades. Para darle forma al sistema que cree para usted mismo, debería preguntarse: "¿Cuándo es más valioso mi tiempo?", porque siempre querrá sacarle el máximo provecho. Para mí es durante las mañanas. Cuando me di cuenta de esto hace ya treinta años, dejé de programar reuniones en la hora del desayuno. Imagine qué cantidad de mi mejor tiempo se ha separado y usado.

Tomar esa decisión fue bastante fácil. Algunas otras me han constado más. Actúo mucho basándome en las oportunidades y tiendo a querer hacerlo *todo*. Me encanta decir que sí, y me cuesta mucho decir que no. Como resultado de ello, abarco demasiado. Para tratar eso, tuve que desarrollar un sistema donde las peticiones irían a un grupo que decidiría si yo aceptaba o no. Afectuosamente los llamamos el Comité Hacha. ¿Por qué? Porque ponían el hacha al noventa por ciento de las peticiones que entraban. Fue el mejor sistema que pude encontrar para forzarme a mantener mis prioridades en cuanto a mi tiempo se trataba.

_____

_____

_____

_____

_____

_____

_____

_____

_____

_____

_____

_____

_____

_____

_____

# DÍA

**51**

*Ningún plan merece el gasto del papel en el que*
*se imprime a menos que le haga hacer algo.*
WILLIAM DANFORTH

Si usted quisiera una casa nueva y tuviera los planos más bonitos del mundo para la casa más espectacular, ¿de qué servirían si no hubiera ningún plan de acción para construirla? No mucho. No es suficiente solo con planear, aunque la planificación es importante. El plan y la acción deben ir juntos. El plan crea el camino. La acción aporta la tracción. Así que siempre que tenga una meta, aunque piense que no podrá alcanzarla, no ajuste la meta, sino los pasos de acción.

Las personas que desarrollan sistemas que incluyen pasos de acción son casi siempre más exitosas que las que no lo hacen. Incluso las personas con menos talento y recursos logran más si han desarrollado el hábito de pasar a la acción. Esta es una de las razones por las que he desarrollado el hábito de hacerme tres preguntas cada vez que aprendo algo nuevo: *¿Dónde puedo usar esto? ¿Cuándo puedo usarlo? ¿Quién necesita saber esto?*

Esto se ha convertido en una disciplina en mi vida,

así que siempre tengo tendencia a la acción cuando aprendo algo nuevo.

# DÍA

## 52

*La medida es el primer paso que lleva al control y finalmente a la mejora. Si no puede medir algo, no podrá entenderlo. Si no puede entenderlo, no podrá controlarlo. Si no puede controlarlo, no podrá mejorarlo.*

H. JAMES HARRINGTON

Cualquier tipo de progreso requiere la habilidad de medir, y por esa razón, sus sistemas deben incluir una manera de medir sus resultados. La medida le capacita para establecerse metas, evaluar el progreso, juzgar los resultados y diagnosticar problemas, los cuales le ayudarán a estimular el progreso de su crecimiento.

Una manera efectiva de mejorar sus resultados es desarrollar sistemas que empleen la organización. Lo que más tiempo hace perder a la mayoría de las personas es buscar cosas que se han perdido, lo cual la organización puede eliminar. Y su forma de emplear el tiempo es más importante que cómo emplee su dinero. Los errores monetarios se pueden corregir, pero una vez que pasa el tiempo, se va para siempre.

Ser organizado aporta una sensación de poder. Cuando conoce su propósito y prioridades y ha

*Escriba una descripción de su sistema para el crecimiento, incluyendo una manera tangible de medir sus resultados. ¿Cómo el sistema le ayuda a organizar su tiempo?*

ordenado su día, semana o año según los mismos, tiene una claridad de pensamiento que fortalece todo lo que hace. Desarrolla una eficacia que le ayuda a seguir hasta el final en todo lo que hace. Hay pocas cosas como esto. Asegúrese de que sus sistemas le hacen ser todo lo organizado que pueda.

# DÍA

## 53

*Cada problema le presenta a la persona a sí misma.*
JOHN MCDONNELL

¿Cómo responde usted normalmente a las malas experiencias? ¿Explota con enojo? ¿Se cierra usted mismo emocionalmente? ¿Se aísla usted mismo de la experiencia todo lo que sea posible? ¿La ignora?

Cada vez que nos encontramos con una experiencia dolorosa, llegamos a conocernos un poco mejor a nosotros mismos. El dolor puede detenernos en seco, o puede hacernos tomar decisiones que nos gustaría posponer, tratar problemas que preferiríamos no afrontar y hacer cambios que nos hagan sentir incómodos. El dolor nos impulsa a afrontar quiénes somos y dónde estamos. Lo que hagamos con esa experiencia define quiénes llegamos a ser.

A pesar de lo que usted haya pasado en su vida, o de lo que está pasando actualmente, tiene la oportunidad de crecer a causa de ello. A veces es muy difícil ver la oportunidad en medio del dolor, pero está ahí. Debe estar dispuesto no solo a buscarla sino también a perseguirla.

*Piense en una experiencia negativa reciente y escriba una evaluación honesta de su actitud hacia ella. ¿Qué hizo como respuesta? ¿Cómo quisiera abordar tales experiencias en el futuro?*

# DÍA

## 54

*Esperar que el mundo le trate justamente
solo porque usted es una buena persona es
un poco como esperar que el toro no cargue
contra usted porque es usted vegetariano.*

Dennis Wholey

La mayoría de nosotros queremos que nuestra vida esté llena de los "altos", pero no de lo "bajos". Eso no es real. No importa quién sea usted, dónde viva, lo que haga o cuál sea su trasfondo, tendrá que tratar con los "bajos", con las malas experiencias.

¿Qué separa a las personas que prosperan de las que meramente sobreviven? Yo creo que es el modo en que enfrentan a sus problemas y el dolor como peldaños para el éxito. Nunca he conocido a nadie que diga: "Me encantan los problemas", pero he conocido a muchos que han admitido que sus mayores beneficios llegaron en medio de su dolor.

Todo el mundo tiene un archivo de dolor. Las dificultades de la vida no nos permiten quedarnos igual. Nos mueven. La pregunta es: ¿en qué dirección seremos movidos, hacia adelante o hacia atrás? ¿Nos volvemos mejores o amargados? Esas experiencias

*Piense en algo negativo que le haya sucedido recientemente. Ahora piense sobre cómo pudiera aprender de ello o crear un resultado positivo de él. Escriba sobre eso.*

negativas o fracasos, ¿nos limitarán o nos conducirán a crecer?

La mayoría de las personas exitosas señalarán a los momentos difíciles que hubo en sus vidas como puntos clave en su viaje de desarrollo. He aprendido a permitir que mis experiencias dolorosas sean un catalizador para mi desarrollo. El crecimiento es el mejor resultado posible de cualquier experiencia negativa.

# DÍA

*La vida no es de la manera que se supone que*
*debe ser. Es de la manera que es. El modo en que*
*usted la maneja es lo que marca la diferencia.*

VIRGINIA SATIR

Usted no puede controlar mucho de lo que sucede en su vida. Sin embargo, puede controlar su actitud. Y puede decidir elevarse por encima de sus circunstancias y negarse a permitir que las experiencias negativas minen quién es usted y lo que cree. Y puede determinarse a encontrar algo positivo que aprender ante la tragedia.

Yo he llegado a adoptar una postura positiva en la vida porque creo que me da una mejor oportunidad de tener éxito a la vez que me sitúa en la mejor posición para ayudar a otros a tener éxito. Llegué a desarrollar esta mentalidad por medio del siguiente modo de pensar:

*La vida está llena de bien y mal.*

*Yo no puedo controlar parte del bien y del mal; así*
*es la vida.*

*Parte del bien y del mal saldrá a mi encuentro.*

*Utilizando una experiencia o situación negativa actual, ¿qué nuevo rumbo puede crear para mantener una postura positiva en la vida que se torne en un crecimiento positivo?*

*Si tengo una postura positiva en la vida, el bien y el mal mejorarán.*
*Si tengo una postura negativa en la vida, el bien y el mal empeorarán.*
*Por tanto, escojo una postura positiva en la vida.*

Si puede usted mantener una postura positiva en la vida, se coloca a sí mismo en la mejor posición para manejar las malas experiencias y tornarlas en un crecimiento positivo.

# DÍA

## 56

*La vida comienza al final de su zona de comodidad.*
NEALE DONALD WASH

Yo creo que la creatividad comienza cuando usted está al final de la cuerda. Cuando usted siente el dolor de las malas experiencias, la creatividad le da la oportunidad de convertir ese dolor en ganancia. El secreto es utilizar la energía que proviene de la adrenalina o del enojo o de las frustraciones, para resolver los problemas creativamente y aprender las lecciones.

Cuando tuve el ataque al corazón a los 51 años de edad, el dolor atroz que sentí en mi pecho y el creer en ese momento que no iba a volver a ver a mi familia, me hizo afrontar el hecho de que necesitaba cambiar el modo en que vivía. Me dio la oportunidad de girar mi vida de manera creativa. Un giro en la carretera no es el final de la carretera a menos que uno no lo tome.

La próxima vez que se encuentre en medio de una mala experiencia, recuérdese a sí mismo que está en la cúspide de una oportunidad para cambiar y crecer. El que lo haga dependerá del modo en que reaccione a su experiencia, y los cambios que realice como resultado. Permita que sus emociones sean el catalizador para

*Escriba aquí las últimas tres experiencias malas que haya tenido seguido con aquello que haya aprendido, si algo, de cada una de ellas. Considere los cambios que haya decidido hacer basados en lo que ha aprendido y evalúese cuán bien ha hecho al implementar esos cambios en su vida.*

el cambio, medite en cómo cambiar para asegurarse de estar tomando buenas decisiones, y después emprenda la acción.

_____

_____

_____

_____

_____

_____

_____

_____

_____

_____

_____

_____

_____

_____

# DÍA

*No todo lo que uno afronta puede ser cambiado, pero
nada puede ser cambiado hasta que se afronta.*
JAMES BALDWIN

Es casi imposible crecer de ninguna manera
significativa cuando usted no asume responsabilidad
de usted mismo y de su vida. Eso significa que usted
necesita reconocer que sus circunstancias no le de-
finen. Están fuera de usted y no tienen por qué im-
pactar negativamente sus valores y normas. Al mismo
tiempo, debe usted asumir la responsabilidad de su
vida y de las decisiones que toma.

Las personas que se sobreponen a las malas experiencias evitan la etiqueta de "víctima" y asumen la
responsabilidad de avanzar. No dicen: "Lo que me sucedió es lo peor del mundo, y nunca estaré libre de
ello". Dicen: "Lo que me sucedió fue bastante malo,
pero otras personas están peor, y yo no me daré por
vencido". No se revuelven en la autocompasión ni preguntan: "¿Por qué yo?". Y eso es bueno, porque hay solamente un paso del "por qué yo" al "lástima de mí".

Entrénese para luchar por los cambios positivos.
Recuerde que nuestras decisiones conducirán al dolor

*¿Cuáles pasos tomará hoy para obtener recompensas positivas en vez del dolor del lamento por la mala experiencia del pasado que ha permitido que lo lleve a la posición de "víctima"?*

de la autodisciplina o al dolor del lamento. Yo prefiero vivir con el dolor de la autodisciplina y obtener las recompensas positivas que vivir con el dolor del lamento.

# DÍA

## 58

*El noventa y nueve por ciento de los fracasos*
*de liderazgo son fracasos de carácter.*
NORMAN SCHWARZKOPF

No es muy sorprendente que la cualidad más admirada en los líderes es la honestidad. Las personas quieren seguir a líderes que tienen buen carácter. A nadie le gusta trabajar con personas no confiables. Pero antes de que usted o yo trabajemos con cualquier otra persona, ¿en quién tenemos que confiar cada día? ¡En nosotros mismos! Por eso es tan importante el carácter. Si usted no puede confiar en sí mismo, nunca será capaz de crecer. El buen carácter, con honestidad e integridad en su núcleo, es esencial para el éxito en cualquier área de la vida. Sin él, una persona está edificando sobre la arena.

La mayoría de personas se enfocan demasiado en la competencia y demasiado poco en el carácter. ¿Cuántas veces una persona no cumple con una fecha determinada porque no hizo un seguimiento cuando debería haberlo hecho? ¿Con cuánta frecuencia las personas no crecen porque no tenían tiempo para leer libros útiles sino que escogieron emplear su tiempo y su dinero en

*Escriba una evaluación honesta de su carácter. ¿Puede confiar en usted mismo? ¿Es la honestidad y la integridad el centro de su carácter? ¿De qué carece?*

otra cosa que no valía tanto la pena? Todos esos errores son el resultado del carácter, no de la capacidad.

El crecimiento del carácter solo sucede intencionalmente, y determina la altura de su crecimiento personal. Y sin crecimiento personal, usted nunca podrá alcanzar su potencial.

123

# DÍA

## 59

*El carácter es una cualidad que engloba muchos rasgos importantes, como la integridad, valentía, perseverancia, confianza y sabiduría.... el carácter es algo que usted crea en su interior, y debe asumir la responsabilidad de cambiar.*

JIM ROHN

Hace más de dos mil quinientos años, el escritor de Proverbios destacó que tal como pensamos en nuestros corazones, así llegamos a ser (Proverbios 23:7). Esa antigua idea se ha hecho eco en otros escritores sabios y ha sido confirmada por la ciencia moderna. Lo que creemos realmente importa. Cosechamos lo que sembramos. Lo que hacemos o dejamos de hacer en la intimidad de nuestra vida cotidiana tiene impacto en quiénes somos. Si descuida su corazón, su mente y su alma, eso cambia quién es usted por fuera al igual que por dentro.

Antes de poder *hacer*, usted debe *ser*. Las acciones correctas exteriormente con motivos equivocados interiormente no producirán un progreso duradero. El crecimiento continuo y los éxitos duraderos son el resultado de poner en consonancia el interior y el

*Escriba una evaluación sobre dónde usted ha puesto su mayor enfoque en cuanto al mejoramiento de su vida: ¿en su interior o en el exterior? ¿Siente que usted está jugando un papel en vez de ser usted mismo? ¿Qué necesita hacer para cambiar su enfoque?*

exterior de nuestras vidas. Y tener correctamente el interior debe llegar primero, con sólidos rasgos de carácter que proporcionen el fundamento para el crecimiento.

# DÍA

## 60

*Ganar en la vida se trata más que solamente
de dinero... se trata de ganar en el interior... y
de saber que uno ha jugado el juego de la vida
con todo lo que tenía... y luego, algo más.*
DOUG FIREBAUGH

Con frecuencia no podemos decidir *lo que* nos sucede, pero siempre podemos decidir lo que sucede en nuestro *interior*. Por eso, cuando no tomamos las decisiones de carácter correctas en nuestro interior, entregamos la propiedad de nosotros mismos. Les pertenecemos a otros, a cualquier cosa que obtenga el control de nosotros. Y eso nos sitúa en un mal lugar. ¿Cómo puede usted alguna vez alcanzar su potencial y llegar a ser la persona que puede ser si otros están tomando decisiones por usted?

Si quiere usted ser exitoso, debe establecer como prioridad edificar su interior antes de su exterior. Los "peldaños" en la escalera de mi carácter han llegado como el resultado de decisiones personales por las que luché duro. No fueron fáciles de tomar y no se manejan con facilidad. Cada día hay una batalla desde el exterior para que yo haga concesiones o las rinda.

*¿En qué áreas sus pobres decisiones han sido influenciadas por otras personas o cosas? Describa qué puede hacer en alguna de esas áreas para reganar la propiedad de su vida. ¿Qué batallas fuertes necesita pelear para mantenerse creciendo en esa área?*

Lamentablemente, ha habido veces en que lo he hecho, pero siempre que eso ha sucedido he ido diligentemente tras ellas para devolverlas al lugar que les corresponde…a mi interior.

_____

_____

_____

_____

_____

_____

_____


_____

_____

_____

_____

_____

_____

_____

# DÍA

61

*Aquí está una sencilla pauta general de conducta:*
*pregúntese a usted mismo lo que quiere que*
*las personas hagan por usted, y entonces*
*tome la iniciativa y haga eso por ellas.*
LA REGLA DE ORO

Si tuviera que escoger únicamente una pauta para la vida y construir el carácter, no podría hacer mejor que escoger la siguiente Regla de Oro: Hacer por otros lo que le gustaría que ellos hicieran por usted. Seguir la regla de oro le impulsa a enfocarse en otras personas; le conduce a identificarse; le alienta a tomar el camino difícil. Y si usted la sigue, especialmente cuando es difícil, no podrá evitar si no llegar a ser el tipo de persona con la que otros quieren estar. Después de todo, al final en todas nuestras relaciones somos sumas o restas en las vidas de los demás. La regla de oro nos ayuda a seguir siendo una suma.

Otra pauta poderosa es construir su vida basada en principios. ¿Saben lo que se dice de un orador que enseña lo que él mismo no cree? ¡Hipócrita! Las creencias prestadas no tienen pasión; por tanto, no tienen poder. Algunas de las cosas por las que yo estaba

*¿Está dispuesto a vivir por la Regla de Oro? ¿Qué hará hoy para servir a la gente que quiere enfocándose en un cien por cien en ellas?*

apasionado por hacer treinta años atrás, sigo estando apasionado por ellas actualmente. Yo nunca quiero llegar a ser uno de esos individuos que carecen de principios y de pasión. Supongo que usted tampoco.

# DÍA

## 62

*La humildad es el sólido fundamento*
*de todas las virtudes.*
CONFUCIO

La humildad allana el camino para el crecimiento del carácter. Y eso nos prepara para el crecimiento personal. Andy Stanley dice: "He llegado a la conclusión de que aunque nadie planea desordenar su vida...no establecemos las salvaguardas necesarias en su lugar para asegurar un final feliz". ¿Y cómo hacemos eso?

Lo primero que tenemos que hacer es recordarnos a nosotros mismos el cuadro general. Se dice que el presidente John F. Kennedy guardaba una pequeña placa en la Casa Blanca con la inscripción: "Oh Dios, tu mar es muy grande y mi barca es muy pequeña". Si la persona conocida como el líder del mundo libre puede mantener perspectiva de su verdadero lugar en el mundo, también deberíamos hacerlo nosotros.

Además de eso, Rick Warren nos sugiere admitir nuestras debilidades, ser pacientes con las debilidades de los demás y estar abiertos a la corrección. A eso yo añado que necesitamos ser humildes, enseñables, abiertos a nuevas ideas y sedientos de conocimiento.

Pocas cosas son mejores para cultivar el carácter y desarrollar humildad que servir a otros. Poner a otros en primer lugar sitúa en su lugar nuestro ego y nuestra perspectiva. Y no olvide mantener una actitud de gratitud hacia aquellos a quienes estamos en deuda por todo lo que hemos recibido.

# DÍA

## 63

*Si quiere un mundo mejor, compuesto por las
mejores naciones...constituido por las mejores
ciudades, compuesto de los mejores barrios,
iluminado por las mejores iglesias, poblado
por las mejores familias, entonces tendrá que
comenzar a convertirse en una mejor persona.*

TONY EVANS

El "peldaño" final en mi escalera del carácter es la
determinación a seguir edificando el carácter y vivir
según la norma más elevada hasta el día en que muera.
Me esfuerzo por hacer eso haciendo lo correcto y siendo
una mejor persona cada día. Para hacer lo correcto, no
espero a sentirlo. Reconozco que la emoción sigue a la
acción. Haga lo correcto y se sentirá bien. Haga lo in-
correcto y se sentirá mal. Si usted toma el control de su
conducta, sus emociones se situarán en su lugar.

Si deseamos crecer y alcanzar nuestro potencial, debemos prestar más atención a nuestro carácter
que a nuestro éxito. Debemos reconocer que el crecimiento personal significa algo más que extender nuestras mentes y añadir a nuestras capacidades. Significa
aumentar nuestra capacidad como seres humanos.

*¿Qué está haciendo cada día para desarrollar el hábito del crecimiento de carácter? ¿Dónde necesita prestarle más atención para madurar su alma?*

Significa mantener integridad incluso cuando duele. Significa madurar nuestra alma.

Orison Swett Marden describió en una ocasión a una persona exitosa diciendo: "Nació siendo barro y murió siendo mármol". ¿No es éste un pensamiento maravilloso? Espero que esto pueda decirse de mí al final de mi vida, y espero lo mismo para usted.

# DÍA

## 64

*La verdadera tragedia es la tragedia del*
*hombre que nunca en su vida se prepara para*
*su único esfuerzo supremo, que nunca se*
*estiran hasta su plena capacidad, que nunca*
*está a la altura de su plena estatura.*

ARNOLD BENNETT

La mayoría de personas utilizan solo una pequeña fracción de su capacidad y rara vez se esfuerzan por alcanzar su pleno potencial. No hay tensión alguna para crecer en sus vidas, poco deseo de estirarse. Demasiadas personas están dispuestas a conformarse con el promedio en la vida. No puedo soportar la idea de conformarse con el promedio, ¿y usted? Nadie admira lo promedio. Las mejores organizaciones no pagan por lo promedio. No vale la pena apuntar hacia la mediocridad. Debemos ser conscientes de la brecha que existe entre nosotros y nuestro potencial, y permitir que la tensión de esa brecha nos motive a seguir esforzándonos para mejorar.

Si alguna vez se ha conformado con el statu quo y después se ha preguntado por qué su vida no va del modo que usted esperaba, entonces necesita entender

*¿En cuáles áreas de su vida ha perdido su elasticidad y se ha conformado? ¿En dónde aceptó ser mediocre en lugar de apuntar a ser mejor? Escriba abajo las razones por las cuáles extenderse hacia su potencial vale la pena el esfuerzo.*

que solamente alcanzará su potencial si tiene la valentía de obligarse a usted mismo a salir de su zona de comodidad y de una mentalidad de mediocridad. Debe estar dispuesto a dejar atrás lo que le resulta familiar y seguro. Debe renunciar a las excusas y seguir adelante. Debe estar dispuesto a afrontar la tensión que se produce al extenderse hacia su potencial.

# DÍA

65

*Sus circunstancias pueden ser desagradables, pero no seguirán siéndolo por mucho tiempo si usted percibe un ideal y se esfuerza por alcanzarlo. No puede viajar en el interior y quedarse quieto en el exterior.*

JAMES ALLEN

La mayoría de las personas tienen un sueño. Para algunos, está en la punta de su lengua, y para otras está enterrado profundamente en sus corazones, pero todo el mundo tiene uno. Sin embargo, no muchas personas lo persiguen. ¿Qué detiene a las personas de dejar sus empleos actuales que no les gustan o de perder peso que les hace daño? Así mismo, ¿qué lo está deteniendo a usted? En lugar de desear, querer y esperar, las personas necesitan examinar su interior para encontrar razones para comenzar.

Es sabio recordar que nuestra situación en la vida es debida principalmente a las decisiones que tomamos y los actos que realizamos; o no realizamos. Si usted es meramente promedio o no está más cerca de sus sueños este año de lo que estaba el año pasado, puede decidir aceptarlo, defenderlo, encubrirlo y explicarlo. O puede

*¿Qué metas todavía no ha logrado que usted cree que es capaz de lograrlas? ¿Qué pasos tomará para cambiar, crecer y forjar un nuevo camino?*

escoger cambiarlo, crecer debido a ello y forjar un nuevo camino.

Necesita medir lo que está haciendo con lo que es capaz de hacer. Si no tiene idea de lo que podría ser capaz de hacer, hable con personas que se interesan por usted y creen en usted. Y entonces, utilice esa imagen para inspirarle a estirarse.

# DÍA

## 66

*¿Ha conocido alguna vez a una persona exitosa*
*que no fuese inquieta, que estuviera satisfecha con*
*el lugar donde estaba en la vida? Ellos quieren*
*nuevos desafíos. Quieren levantarse y salir...y esa*
*es una de las razones por la que son exitosos.*

ALEX TREBEK

El crecimiento no llega si usted se queda en su zona
de comodidad. No puede mejorar y evitar el cambio
al mismo tiempo. La innovación y el progreso son
iniciados por personas que empujan hacia un cambio.
Por tanto, ¿cómo acepto el cambio y me obligo a mí
mismo a salir de mi zona de comodidad?

En primer lugar, dejo de mirar por encima de mi
hombro. Es difícil centrarse en su pasado y cambiar
en el presente. Por eso durante años tuve en mi es-
critorio una pequeña placa que decía: "El día de ayer
terminó anoche". Me ayudaba a enfocarme en el presente y a trabajar para mejorar lo que pudiera hoy.

Lo segundo que yo hago es trabajar para desarrollar mi "músculo de alcance". Los mayores períodos
de estiramiento de la vida llegan cuando hacemos lo
que nunca se ha hecho, cuando nos obligamos más

*¿Qué hará hoy para desarrollar su "músculo de alcance"? ¿Qué riesgo debe tomar para hacer lo que nunca antes ha hecho?* y nos estiramos de manera que nos resulta incómodo. Eso requiere valentía, pero la buena noticia es que nos hace crecer de maneras que nunca pensamos que fuera posible. A. G. Buckham, quien fue pionero de la fotografía de aviación en los primeros tiempos de los vuelos, observó: "La monotonía es la horrible recompensa de los cuidadosos". Si usted quiere crecer y cambiar, debe tomar riesgos.

# DÍA

**67**

*La naturaleza tiene en todo lugar escrita su
protesta contra la ociosidad; todo lo que deja de
batallar, lo que permanece inactivo, se deteriora
rápidamente. Es la lucha hacia un ideal, el
esfuerzo constante por subir más alto y llegar más
lejos, lo que desarrolla humanidad y carácter.*

JAMES TERRY WHITE

Cuando dejamos de estirarnos, creo que dejamos
realmente de vivir. Puede que sigamos respirando, y
nuestros signos de vida vitales puede que sigan funcionando. Pero estamos muertos por dentro y muertos
a nuestras posibilidades más grandes.

Yo estoy envejeciendo. Nunca podré rendir a mi
máximo nivel, pero tengo intención de seguir leyendo,
haciendo preguntas, hablando con personas intere-
santes, trabajando duro y exponiéndome a nuevas experiencias hasta que muera. Demasiadas personas
están muertas, ¡pero simplemente aún no lo han
hecho oficial! El rabino Nachman de Bratslav dijo: "Si
mañana no vas a ser mejor de lo que fuiste hoy, entonces ¿para qué necesitas el mañana?". Las siguientes
palabras resumen cómo me siento: *No estoy donde se*

*Escriba una declaración de compromiso para toda la vida de su crecimiento personal y lo que hará para salvaguardarla mientras experimenta los éxitos y fracasos. Luego fírmela y póngale fecha.*

*supone que esté, no soy lo que quiero ser, pero no estoy donde solía estar. No he aprendido cómo llegar; tan solo he aprendido cómo seguir adelante.*

Yo voy a seguir estirándome hasta que esté totalmente ensanchado. Y no dejaré de crecer cuando haya gustado el éxito. Yo no quiero que el éxito me haga descarrilar de mi crecimiento.

141

# DÍA

## 68

*Ser lo que somos, y llegar a ser lo que somos*
*capaces de llegar a ser, es el único fin en la vida.*
ROBERT LOUIS STEVENSON

Mahatma Gandhi afirmó: "La diferencia entre lo que hacemos y lo que somos capaces de hacer sería suficiente para resolver la mayoría de los problemas del mundo". Esa diferencia es la brecha que existe entre lo bueno y lo estupendo. Y lo que cierra la brecha es nuestra disposición a estirarnos.

Las personas que existen en el lado "bueno" de la brecha viven en la tierra de lo permisible y de lo que está bien. Tome la decisión de cruzar la brecha y vivir en el lado de lo "estupendo". Esa es la tierra de lo posible. Es donde las personas rinden de modo extraordinario. Hacen más de lo que creían que eran capaces de hacer, y causan un impacto. ¿Cómo? Centrándose continuamente en realizar el siguiente estiramiento. Continuamente salen de su zona de comodidad y se estiran hacia su zona de capacidad.

El filósofo Soren Kierkegaard dijo: "Una posibilidad es una indicación de Dios. Uno debe seguirla". Este camino de posibilidad es Dios que nos da

*¿En qué áreas está usted viviendo actualmente en la tierra de lo que está bien? ¿Qué necesita hacer para cruzar la brecha hacia lo "estupendo"? ¿Cuál paso de estiramiento puede tomar esta semana para moverse donde usted está hacia donde usted quiere llegar?*

una oportunidad de marcar una diferencia. A medida que lo seguimos, dejamos de preguntarnos a nosotros mismos lo que somos, y comenzamos a preguntarnos en qué podríamos convertirnos. La relevancia nace en el interior de cada uno de nosotros. Si estamos dispuestos a estirarnos, esa semilla puede crecer hasta que comienza a dar fruto en nuestras vidas.

# DÍA

**69**

*Las personas se aferrarán a un modo de vida insatisfactorio en lugar de cambiar a fin de obtener algo mejor por temor a obtener algo peor.*
ERIC HOFFER

La vida tiene muchas intersecciones, oportunidades para subir o bajar. En esas intersecciones es donde tomamos decisiones. Podemos añadir algo a nuestra vida, restar de ella, o cambiar algo que tenemos por algo que no tenemos. Con demasiada frecuencia, las personas hacen que la vida sea más difícil para ellas mismas porque toman malas decisiones en las intersecciones de su vida o declinan tomar decisiones debido al temor. Pero es importante recordar que aunque no siempre obtengamos lo que queremos, siempre obtenemos lo que decidimos.

Siempre que me enfrento a una oportunidad para una compensación, me hago esta pregunta: *¿Cuáles son los beneficios y los perjuicios de esta compensación?* Intentar descubrir los perjuicios y los beneficios de cualquier decisión dada, me ayuda a tratar ese temor que me cierra a una oportunidad potencial. Ver los hechos fría y duramente también me ha conducido a descubrir que tengo tendencia a sobrestimar el valor de lo que tengo actualmente y subestimar el valor de lo que puede que gane al ceder.

También me pregunto: *¿Pasaré por este cambio o creceré por este cambio?* Las compensaciones positivas deberían considerarse oportunidades para el crecimiento, y deberían agarrarse.

# DÍA

## 70

*Cuando ya no somos capaces de cambiar
una situación, somos desafiados a
cambiarnos a nosotros mismos.*
VIKTOR FRANKL

Con frecuencia oigo a personas expresar la esperanza de que las cosas cambiarán. En esos momentos quiero decirles que la diferencia entre dónde estamos y dónde queremos estar se crea mediante los cambios que estemos dispuestos a hacer en nuestras vidas. Cuando usted quiere algo que nunca ha tenido, debe hacer algo que nunca haya hecho para obtenerlo. De otro modo, seguirá obteniendo los mismos resultados.

Los cambios en nuestras vidas siempre comienzan con cambios que estemos dispuestos a hacer personalmente. Eso con frecuencia no es fácil, porque para cambiar su vida, *usted* necesita cambiar. Tan solo necesitamos recordar que nosotros somos la clave, que todo el mundo *puede* cambiar, y que seremos recompensados cuando cambiemos.

Para muchos, el cambio puede ser un verdadero desafío porque no quieren esperar el resultado. Queremos el resultado, pero tenemos que enfrentarnos al

*¿Está considerando dar un paso que representa un sacrificio? Haga dos listas de los pros y contras, una por hacer el cambio, y otra por no hacerlo.*

final de algo que nos gusta y afrontar la incertidumbre que existe entre ese final y el nuevo comienzo esperado. Ese cambio se siente como una pérdida. Los períodos intermedios de transición requieren que escojamos tener una actitud positiva y que nos enfoquemos en los inminentes beneficios de lo que se haya sacrificado.

# DÍA

## 71

*No tema tanto el fracaso que se niegue a probar cosas nuevas. El resumen más triste de la vida contiene tres descripciones: pudo haber, podría haber y debería haber.*

LOUIS BOONE

Hay muchas compensaciones en la vida que pueden realizarse en cualquier momento. Por ejemplo, podemos renunciar a malos hábitos para adquirir otros buenos en cualquier momento que tengamos la fuerza de voluntad para tomar la decisión. Obviamente, cuanto antes tomemos tales decisiones mejor, pero la mayoría de las veces no están dirigidas por el tiempo.

Por otro lado, después de que algunas personas hacen una mala compensación, tienen pánico, sienten que lo han arruinado y nunca podrán recuperarse. Pero pocas veces eso es cierto. La mayor parte de las veces, podemos tomar decisiones que nos ayudarán a recuperarnos. Por eso, cuando se trata de decisiones, nunca diga nunca. La vida está demasiado llena de ricas posibilidades para tener este tipo de restricción sobre ella.

En otras compensaciones, el ciclo del cambio nos da ventanas de oportunidades en las cuales tomar

*Describa un sacrificio que usted haya hecho en el pasado que lamente haberlo hecho. ¿Qué lecciones aprendió por haber tomado esa decisión que puede continuar usándolas hoy?*

decisiones. A veces, ese ciclo solo se da una vez. Si lo perdemos, la oportunidad se ha ido.

Sin embargo, no podemos atascarnos en el temor. Todos tenemos la capacidad de escoger, pero cada vez que tomamos una decisión, nuestra decisión tiene poder sobre nosotros. Nos cambia. Incluso las malas decisiones pueden finalmente ayudarnos a cambiar para bien, porque esclarecen nuestros pensamientos y nos muestran a nosotros mismos tal como somos.

# DÍA

## 72

*Cada éxito solo compra un billete de
admisión a un problema más difícil.*
HENRY KISSINGER

Cuando la mayoría de nosotros estamos comenzando en la vida, tenemos poco a lo que renunciar y mucha motivación para cambiar. Pero a medida que ascendemos y acumulamos algunas de las cosas buenas de la vida, las compensaciones demandan un precio más alto y estamos menos inclinados al cambio porque no tenemos que hacerlo.

Uno de los peligros del éxito es que puede hacer que una persona no sea enseñable. Muchas personas llegan a convencerse de que ya saben suficiente para tener éxito, descontinúan su crecimiento, y comienzan a dejarse llevar. Cambian la innovación y el crecimiento por una fórmula, la cual siguen una vez tras otra. "No se puede argumentar con el éxito", dicen. Pero están equivocados. ¿Por qué? Porque las habilidades que les llevaron hasta *aquí* probablemente no sean las habilidades que les llevarán hasta *allá*. Esto es cierto especialmente en la actualidad, donde todo está cambiando con rapidez. Considere que hace unos

*¿Cómo están sus éxitos impactando su disponibilidad para hacer sacrificios y tomar riesgos? ¿Qué hará para mantenerse siendo innovador y seguir creciendo?*

pocos años atrás, ni el Twitter ni el iPhone existían.

Independientemente de lo exitoso que haya sido usted hasta ahora, nunca puede "quedarse en sus trece". Si quiere seguir creciendo y aprendiendo, necesita seguir haciendo intercambios. Y le costarán.

# DÍA

*La única seguridad laboral que tenemos es nuestro*
*compromiso individual con el desarrollo personal.*
KEVIN TURNER

He llegado a entender que hacer concesiones es un modo de vida. Pero no todo en mi vida está abierto al intercambio. No estoy dispuesto a intercambiar mi matrimonio por mi carrera, ni mi relación con mis hijos o nietos por la fama o fortuna. Y no estoy dispuesto a intercambiar mis valores por nada ni nadie. Ese tipo de concesiones solamente conducen al lamento, y es difícil recuperarse de ellas. Por eso creo que es importante crear sistemas y trazar límites para mantenernos seguros a nosotros mismos.

¿Qué tipo de concesiones ha estado haciendo usted hasta ahora en su vida? ¿Ha pensado al respecto? ¿Ha desarrollado pautas para ayudarle a decidir por qué cosas esforzarse y qué ceder a cambio?

Una de mis pautas personales es que estoy dispuesto a ceder hoy a la seguridad económica a cambio de un potencial mañana. Yo he realizado siete importantes movimientos de carrera en toda mi vida, y en cinco de ellos acepté un recorte de salario para hacerlo. ¿Por

*Escriba su propia lista de principios de concesión. ¿Qué pautas le ayudan a decidir por cuáles cosas esforzarse y cuáles cosas ceder a cambio?*

qué? Porque valoro la oportunidad por encima de la seguridad. Y sabía que yo trabajaría duro y podría ganarme la capacidad de hacer más dinero a la larga.

_____

_____

_____

_____

_____

_____

_____

_____

_____

_____

_____

_____

_____

_____

_____

# DÍA

*Quien quiera lograr poco debe sacrificar poco;*
*quien quiera lograr mucho debe sacrificar mucho.*
JAMES ALLEN

Permítame darle cuatro compensaciones adicionales en las que yo he meditado que puede que le ayuden a desarrollar sus propias pautas:

*Estoy dispuesto a ceder a la gratificación inmediata a cambio de crecimiento personal.* Cuando se trata de crecimiento y éxito, la gratificación inmediata es casi siempre la enemiga del crecimiento. Podemos decidir agradarnos a nosotros mismos y estancarnos, o podemos retrasar nuestra gratificación y crecer.

*Estoy dispuesto a ceder la vida rápida a cambio de la buena vida.* ¿Qué es la buena vida? Richard J. Leider y David A. Shapiro dicen que es "vivir en el lugar donde uno pertenece, con las personas a las que ama, haciendo el trabajo correcto, a propósito".

*Estoy dispuesto a ceder seguridad a cambio de significado.* Los grandes hombres y mujeres de la historia no fueron grandes debido a lo que ganaron y poseyeron, sino más bien debido a aquello por lo cual entregaron sus vidas para lograrlo.

*Estoy dispuesto a ceder la suma a cambio de la multiplicación.* Mi actitud al principio era: "¿Qué puedo hacer por otros?". Pero eso es suma. Una vez que comencé a aprender liderazgo, mi pregunta cambió a: "¿Qué puedo hacer con otros?". Eso es multiplicación.

155

# DÍA

*A pesar de la enfermedad, a pesar incluso de la
archienemigo tristeza, uno puede permanecer con
vida mucho más tiempo de la fecha habitual de la
desintegración, si uno no le tiene miedo al cambio,
es insaciable de la curiosidad intelectual, interesado
en las cosas grandes, y feliz con las pequeñas cosas.*
EDITH WHARTON

Creo que la curiosidad es la clave para ser alguien
que aprende toda la vida, y si usted quiere seguir creciendo y desarrollándose, debe seguir aprendiendo.
Las personas curiosas están interesadas en la vida,
las personas, las ideas, las experiencias y los aconte-
cimientos, y viven en un estado constante de querer
aprender más. Continuamente preguntan: *¿Por qué?*

La curiosidad es el principal catalizador para el
aprendizaje de automotivación. Las personas que siguen siendo curiosas no necesitan que se les aliente
a hacer preguntas o a explorar. Ellos sencillamente
lo hacen, todo el tiempo. Y siguen haciéndolo. Saben
que el sendero hacia el descubrimiento es tan emocio-
nante como los descubrimientos mismos, porque hay
cosas maravillosas que aprender durante el camino.

*¿Se considera a sí mismo una persona curiosa? ¿Qué provoca su curiosidad y desarrollo del aprendizaje? ¿Qué puede hacer para expandir eso?*

La curiosidad ayuda a la persona a pensar y a extender posibilidades más allá de lo común. Preguntar *por qué* enciende la imaginación; conduce al descubrimiento; abre diversas opciones; lleva a las personas más allá de lo ordinario y les conduce a una vida extraordinaria. La gente dice que no hay que cruzar un puente hasta que se llega a él, pero como alguien dijo en una ocasión: "Este mundo es poseído por personas que han cruzado puentes en su imaginación antes de que ningún otro lo hiciera".

# DÍA

## 76

*Algunos hombres ven las cosas tal como son*
*y preguntan por qué. Otros sueñan con cosas*
*que nunca fueron y preguntan por qué no.*
GEORGE BERNARD SHAW

Muchas personas no alcanzan su potencial, no porque carezcan de capacidad sino porque no están dispuestas a extender sus creencias y explorar un nuevo terreno. Pero esta es la buena noticia: puede cambiar su modo de pensar y, como resultado, su vida. Concédase permiso a usted mismo para ser curioso. La mayor diferencia entre las personas curiosas y que crecen y quienes no lo son es la creencia de que *pueden* aprender, crecer y cambiar. Usted debe ir tras el crecimiento. El conocimiento, el entendimiento y la sabiduría no le buscarán a usted. Usted debe salir y adquirirlos. La mejor manera de hacer eso es mantener la curiosidad.

El modo en que usted enfoca la vida y el aprendizaje es tener una mentalidad de principiante, que significa preguntarse por qué y hacer muchas preguntas hasta obtener respuestas. También significa ser abierto y vulnerable. Si su actitud es como la de un principiante, no tiene usted ninguna imagen que sostener y su deseo

*¿Qué puede hacer para mantener una mentalidad de principiante? ¿Qué nuevo desafío puede intentar que lo hará sentirse inexperto? O si usted se ha considerado a sí mismo un experto, ¿cómo puede cambiar su mentalidad para convertirse en un aprendiz en esa área?*

de aprender más es más fuerte que el deseo de verse bien. Sí, algunas veces se verá como un necio. A la mayoría de personas no les gusta eso. ¿Sabe cuál es mi respuesta? ¡Supérelo! Richard Thalheimer dice: "Doblegue su ego y siga haciendo preguntas".

# DÍA

*Nunca pierda una curiosidad santa.*
ALBERT EINSTEIN

El secreto para mantener esa "curiosidad santa" de Einstein es preguntar siempre por qué. El científico y filósofo Georg Christoph Lichtenberg observó: "El primer paso en la sabiduría es cuestionarlo todo; y el último paso es aceptarlo todo". Esos son los extremos del crecimiento continuo. Pregunte por qué. Explore. Evalúe lo que descubra. Repita. Esa es una fórmula bastante buena para el crecimiento. Nunca olvide que cualquiera que conoce todas las respuestas no está haciendo las preguntas correctas.

Ni las instituciones educativas ni el mundo corporativo típicamente intentan estimular el pensamiento creativo y el crecimiento. Para eso, usted debe buscar a otras personas curiosas. Estar cerca de personas con una gran curiosidad es contagioso. Conozco pocas maneras mejores de cultivar y mantener la curiosidad.

Otra manera para seguir siendo curioso es comenzar cada día con la determinación de aprender algo nuevo, experimentar algo diferente o conocer a alguien que todavía no conoce. Debe ver cada día

*Haga una lista de las personas con quienes pasa más tiempo y mida a cada persona por su nivel de curiosidad y creatividad. ¿Necesita hacer algunos cambios intencionales para pasar más tiempo con gente curiosa?*

teniendo múltiples oportunidades de aprender, mantener una sensibilidad y una conciencia que les abre a nuevas experiencias, y tomar tiempo al final del día para hacerse preguntas a usted mismo que lo impulsen a pensar acerca de lo que ha aprendido.

# DÍA

*Casi todo avance en el arte, la cocina, la
medicina, la agricultura, la ingeniería, la
mercadotecnia, la política, la educación y
el diseño se ha producido cuando alguien
desafió las normas y probó otro enfoque.*

Roger Von Oech

Las personas curiosas, que crecen, se preparan
para ver el fracaso como una señal de progreso y no
como una señal de debilidad. Saben que es imposible
probar continuamente sin fracasar a veces. Es parte
del viaje de la curiosidad. Por tanto, hacen del fracaso
su amigo. Ellos preguntan: "¿Por qué sucedió esto?
¿Qué puedo aprender? ¿Cómo puedo crecer con esto?".
Como resultado, usted fracasa rápido, aprende rápido
y llega a intentarlo de nuevo rápido. Eso conduce al
crecimiento y al futuro éxito.

Y si usted está dedicado al desarrollo personal, necesita eliminar esa mentalidad que dice: "Si no está
roto, no lo arregle". Ninguna idea es perfecta. A
pesar de lo buena que sea, siempre puede ser mejo-
rada. Le sugiero que desarrolle una mentalidad que

*Examine las cosas que hace regularmente. ¿En cuáles áreas hay mejores maneras de obtener las cosas hechas? Haga una lista de nuevas formas de alcanzar los mismos objetivos. ¿Qué mejoras puede hacer hoy?*

hace preguntas y sustituya esa frase popular por las siguientes preguntas:

Si no está roto, ¿cómo podemos mejorarlo?

Si no está roto, ¿cuándo es probable que se rompa en el futuro?

Si no está roto, ¿cuánto tiempo servirá a medida que el mundo cambia?

Si usted quiere evitar llegar estar demasiado cómodo y estancarse, entonces siga haciendo preguntas y desafiando el proceso.

# DÍA

**79**

*¡No hay reglas por aquí! ¡Estamos
intentando lograr algo!*
THOMAS EDISON

Me frustro fácilmente por personas que se niegan a pensar fuera de sus moldes autoimpuestos. Cuando alguien dice algo como: "Nunca lo hemos hecho antes de esta manera", lo quiero sacudir.

Las buenas ideas están en todas partes, pero es difícil verlas cuando usted no mira fuera de su molde. Eso requiere una mentalidad abundante. Desgraciadamente, la mayoría de pensadores dentro del molde poseen una mentalidad de escasez. En lugar de permanecer limitadas, las personas necesitan derribar los muros de sus moldes, salir y convertirse en cazadores de ideas. La mayoría de las ideas revolucionarias fueron violaciones agitadoras de reglas existentes. La mejor manera de hacer que una mente perezosa sea activa es interrumpir su rutina. Salir del molde conduce al crecimiento.

Quizá el mejor modo para seguir siendo curioso y seguir creciendo es disfrutar de la vida. El autor Tom Peters opinó: "La carrera será para los curiosos, los ligeramente locos, y quienes tienen una pasión insaciable

*Pase tiempo hoy haciendo algo que disfruta. Más tarde, piense por qué disfrutó esa actividad. ¿Cómo podría incorporar lo que disfruta más de eso en otras áreas de su vida diaria?*

de aprender y de atrevimiento". Yo creo que da honra a Dios cuando disfrutamos de la vida y la vivimos bien. Eso significa tomar riesgos; a veces fracasar, a veces tener éxito, pero siempre aprender. Cuando usted disfruta de su vida, las líneas que existen entre trabajo y juego comienzan a desdibujarse. Hacemos lo que nos gusta y nos gusta lo que hacemos. Todo se convierte en una experiencia de aprendizaje.

# DÍA

## 80

*La cura para el aburrimiento es la curiosidad.*
*No hay ninguna cura para la curiosidad.*
DOROTHY PARKER

Cuando usted es curioso, el mundo entero se abre ante usted y existen pocos límites para lo que puede aprender y cómo puede desarrollarse. ¿Está viviendo una vida de curiosidad? Para saber la respuesta, hágase estas diez siguientes preguntas:

1. ¿Cree que puede ser curioso?
2. ¿Tiene una mentalidad de principiante?
3. ¿Ha hecho que *por qué* sea su expresión favorita?
4. ¿Pasa tiempo con personas curiosas?
5. ¿Aprende algo nuevo cada día?
6. ¿Participa del fruto del fracaso?
7. ¿Ha dejado de buscar *la* respuesta correcta?
8. ¿Se ha superado a usted mismo?
9. ¿Sale usted del molde?
10. ¿Está disfrutando de su vida?

Si sus respuestas son sí, entonces probablemente lo sea. Si no, necesita cambiar; y puede cambiar.

*Conteste las diez preguntas. Si contesta 'no' a alguna pregunta, explique por qué. ¿Qué puede hacer para cambiar su 'no' a 'sí'?*

Tiene todo que ver con desarrollar curiosidad y una disposición a preguntar por qué.

_____

_____

_____

_____

_____

_____

_____

_____

_____

_____

_____

_____

_____

_____

_____

_____

_____

# DÍA

## 81

*El ejemplo no es lo principal para
influenciar en otros. Es lo único.*
ALBERT SCHWEITZER

Cuando el crecimiento personal se convirtió en mi prioridad número uno, encontré mis primeros mentores en las páginas de libros. Ese es un lugar estupendo para comenzar, y todavía sigo aprendiendo de decenas de personas cada año a las que nunca conoceré. Pero encontré que si quería llegar a ser la persona que deseaba ser, necesitaba encontrar modelos de los que aprender que estuviesen por delante de mí. ¿Por qué? Porque es difícil mejorar cuando no se tiene a nadie sino a uno mismo a quien seguir. Si se sigue solo a usted mismo, se encontrará caminando en círculos.

Nos volvemos parecidos a las personas que admiramos y los modelos que seguimos. Por esa razón, deberíamos tener mucho cuidado a la hora de decidir a qué personas pedimos que sean nuestros mentores. No solo deben mostrar excelencia profesional y poseer conjuntos de capacidades de los cuales podamos aprender, sino que también deben demostrar un carácter digno de emular.

Cuando usted busque modelos a seguir y mentores, examine sus vidas personales tan cuidadosamente como su rendimiento público. Sus valores quedarán influenciados por los de ellos, de modo que no debería ser demasiado casual con respecto a quién decide seguir.

# DÍA

## 82

*A medida que voy envejeciendo presto*
*menos atención a lo que dicen los hombres.*
*Sencillamente observo lo que hacen.*
ANDREW CARNEGIE

Para que seamos capaces de observar de cerca a los modelos y ver lo que hacen, debemos tener cierto contacto con ellos. Eso requiere acceso y disponibilidad. Para que seamos activamente mentoreados, debemos pasar tiempo con las personas para observar sus acciones, hacer preguntas y aprender de sus respuestas.

El mejor consejo que puedo dar en el área de la disponibilidad es que cuando esté buscando un mentor, no apunte demasiado alto demasiado pronto. Si es un alumno de secundaria que piensa en aprender a tocar el violonchelo, no necesita tener como mentor a Yo-Yo Ma. Si usted está comenzando, casi todas sus preguntas las puede responder alguien que esté dos o tres veces por delante de usted (no diez). Y sus respuestas serán nuevas porque habrán tratado recientemente los problemas que usted está tratando. Pase la mayor parte de su tiempo recibiendo mentoría de personas que estén disponibles, dispuestas y preparadas para la etapa de

*Trate de identificar a tres personas que estén uno o dos niveles más delante de usted en el área donde más quiere crecer. Escriba las preguntas relacionadas al problema específico con el que está lidiando, y trate de sacar tiempo con alguna de ellas para hacerles sus preguntas.*

su carrera. Y a medida que progrese en su desarrollo, encuentre nuevos mentores para su nuevo nivel de crecimiento.

# DÍA

**83**

*Para conocer el camino que hay por
delante, pregunte a quienes regresan.*
PROVERBIO CHINO

Cuanto más avance usted en la búsqueda de su potencial, más terreno nuevo tendrá que romper. ¿Cómo descubre de qué modo proceder? Benefíciese de la experiencia de otros. Cada vez que entraba en una nueva aventura, buscaba el consejo de personas con experiencia demostrada. No conozco a una persona exitosa que no haya aprendido de personas con más experiencia. A veces siguen sus pasos, y otras veces utilizan su consejo para ayudarles a labrar un nuevo terreno. El exalcalde de la ciudad de Nueva York, Rudy Giuliani dice: "Todos los líderes son influenciados por aquellos a quienes admiran. Leer sobre ellos y estudiar sus características permite inevitablemente que un líder inspirador desarrolle sus propias características de liderazgo".

Los buenos mentores poseen sabiduría. Su entendimiento, experiencia y conocimiento nos ayudan a resolver problemas que nos habrían resultado difíciles de manejar por nosotros mismos. Las personas sabias

*¿Cuándo fue la última vez que leyó un libro sobre alguien en su campo que usted admira grandemente? Busque la biografía sobre alguien de quien usted puede aprender, luego tome notas de lo que descubra.*

con frecuencia utilizan solo algunas palabras para ayudarnos a aprender y desarrollarnos. Abren nuestros ojos a mundos que de otro modo podríamos no haber visto sin su ayuda. Nos ayudan a navegar por situaciones difíciles; nos ayudan a ver oportunidades que de otro modo perderíamos. Nos hacen ser más sabios que nuestros años y experiencia.

# DÍA

## 84

*Suceden cosas grandes cuando dejamos de considerarnos a nosotros mismos el regalo de Dios para otros, y comenzamos a considerar a los demás como el regalo de Dios para nosotros.*
JAMES S. VUOCOLO

La primera pregunta que la mayoría de los seguidores hacen a un mentor es: "¿Se interesa usted por mí?". La razón para esta pregunta es obvia. Los buenos mentores proporcionan amistad y apoyo, trabajando sin egoísmo para ayudarle a alcanzar su potencial. Las personas egoístas le ayudarán solamente hasta el grado en que eso haga avanzar sus propios planes, y la relación siempre se quedará por debajo de sus expectativas. El conocimiento sin apoyo es estéril. El consejo sin amistad es frío. El candor sin interés es áspero. Sin embargo, cuando está recibiendo ayuda de alguien que se interesa por usted, es emocionalmente satisfactorio. El crecimiento proviene tanto de la cabeza como del corazón. Solamente las personas que apoyan están dispuestas a compartir con usted ambas cosas.

Un buen mentor es un *coach* que marca una diferencia en las vidas de las personas. Les ayudan a crecer.

*Cree una lista de modelos a largo plazo que pueden darle consejo sobre el cuadro general de su vida, en áreas tales como matrimonio, paternidad, crecimiento espiritual, disciplinas personales, carrera, pasatiempos, y así sucesivamente. ¿A quién usted se acercaría primero que esté dispuesto a servirle de mentor?*

Mejoran su potencial. Aumentan su productividad. Son esenciales para ayudar a las personas a efectuar un cambio positivo. Cuando miro atrás a mi vida, reconozco que los mayores activos de mi viaje de crecimiento fueron las personas. Independientemente de donde este usted, lo que haya logrado, lo alto o lo bajo que la vida le haya llevado, puede beneficiarse de tener un mentor. Si nunca ha tenido uno, no tiene idea alguna de lo mucho que puede mejorar su vida.

# DÍA

## 85

*El potencial que existe dentro de nosotros es ilimitado y en gran parte está por destapar... cuando usted piensa en límites, los crea.*
ROBERT J. KRIEGEL Y LOUIS PATLER

He oído que la mayoría de expertos creen que normalmente las personas utilizan solo el diez por ciento de su verdadero potencial. ¡Esa afirmación es asombrosa! Si eso es cierto, entonces la persona promedio tiene una inmensa capacidad para mejorar. Entonces, ¿cómo conectamos con el noventa por ciento sin utilizar? La respuesta se encuentra en cambiar cómo pensamos y lo que hacemos.

Para aumentar su capacidad, deje de pensar en *más trabajo* y comience a pensar en *¿qué funciona?* Más trabajo no necesariamente aumentará su capacidad. Al inicio de mi carrera, me di cuenta que aunque trabajaba duro y seguía trabajando durante largas horas, estaba haciendo muchas cosas en lugar de hacer las cosas correctas. Miré todo lo que estaba haciendo y comencé a hacerme la pregunta: "¿Qué funciona?". Eso es lo que le recomiendo. Descubra lo que funciona.

*Utilizando las tres preguntas en la lectura de hoy, escriba una auditoría de efectividad que muestre si su pensamiento está en "¿Qué funciona?" o en "Más trabajo".*

Para hacer eso, hágase a usted mismo las tres siguientes preguntas:

¿Qué se requiere de mí que haga?

¿Qué da el mayor beneficio?

¿Qué me da la mayor recompensa?

Esas preguntas le ayudarán a enfocar su atención en lo que debe hacer, lo que debiera hacer y lo que en realidad quiere hacer.

177

# DÍA

## 86

*¿Qué intentaría usted si supiera
que no podía fracasar?*
ROBERT SCHULLER

Otra manera de aumentar su capacidad de
crecimiento es dejar de pensar en *¿Puedo?*, y comenzar a pensar en *¿Cómo puedo?*

*¿Puedo?* es una pregunta llena de vacilación y duda.
Es una pregunta que impone limitaciones. Si esa es la
pregunta que usted se hace regularmente, está minando
sus esfuerzos incluso antes de comenzar. Cuando se
pregunta: "¿Cómo puedo?", se proporciona a sí mismo
una oportunidad de luchar para lograr algo. La razón
más común para que las personas no venzan las probabilidades es que no las desafían lo suficiente. No
prueban sus límites. No empujan su capacidad.

*¿Cómo puedo?* supone que hay una manera. Usted
tan solo necesita encontrarla.

Si ha pasado tiempo en un ambiente negativo o ha
experimentado abuso en su vida, usted tal vez necesite
cambiar su pensamiento de *¡No puedo!* a *¿Cómo puedo?*
Creo que *cada* persona tiene el potencial para crecer,
extenderse y lograr. El primer paso para hacer eso es

*Si usted supiera que no podía fracasar y no tenía limitaciones, ¿qué habría intentado lograr? ¿Cuál es su respuesta intuitiva a su pregunta? ¿Qué debería hacer para intentarlo?*

creer que usted puede; el segundo es la perseverancia. Usted puede cambiar sus pensamientos. Puede creer en su potencial. Cuando comience, puede que no le parezca que está haciendo progreso, pero eso no es cierto. No se dé por vencido.

# DÍA

87

*La mente del hombre, cuando es estirada
por una nueva idea, nunca recupera
sus dimensiones originales.*
OLIVER WENDELL HOLMES

Cuando se trata de crecimiento, no querrá usted apostar su futuro a una sola "puerta". ¡Puede que no se abra! Considere muchas más posibilidades y busque múltiples respuestas a todas sus preguntas.

A medida que he aprendido a pensar en *muchas puertas* y explorar opciones, lo siguiente es lo que he aprendido:

*Hay más de una manera de hacer algo exitosamente.*

*Las probabilidades de llegar a cualquier parte aumentan con la creatividad y la adaptabilidad.*

*El movimiento con intencionalidad crea posibilidades.*

*El fracaso y los reveses pueden ser estupendas herramientas para aprender.*

*Conocer el futuro es difícil; controlar el futuro es imposible.*

*Conocer el presente es esencial; controlar el presente es posible.*

*Analice y busque tantas "puertas" como sean posible como para lograr el crecimiento y el éxito. No descarte ninguna idea que le venga a su mente mientras escribe. Solo anótelas. Podría sorprenderse de hallar alguna gran idea que puede cambiar su futuro.*

*El éxito es un resultado de la acción continuada llena de ajustes continuados.*

El mayor desafío que usted siempre tendrá que afrontar es el de extender su mentalidad. Debe estar dispuesto a ser un pionero, a entrar en territorio inexplorado, a hacer frente a lo desconocido, a conquistar sus propias dudas y temores. Pero aquí está la buena noticia. Si usted puede cambiar su modo de pensar, puede cambiar su vida.

# DÍA

## 88

*Siempre estoy haciendo aquello que no
puedo hacer a fin de aprender a hacerlo.*
PABLO PICASSO

Si quiere extender su potencial y, por tanto, su capacidad, antes debe cambiar su modo de pensar. Sin embargo, si cambia solamente su modo de pensar y descuida cambiar sus acciones, se quedará corto en cuanto a su potencial.

Para comenzar a expandir su capacidad, deje de hacer solo aquellas cosas que ha hecho antes y comience a hacer esas cosas adicionales que valen la pena que *podría* y *debería* hacer. Hacer cosas nuevas conduce a la innovación y a nuevos descubrimientos, y entre sus descubrimientos está la comprensión de cosas que usted debería hacer regularmente. Si las hace, seguirá creciendo y expandiendo su potencial. Si no las hace, se quedará estancado.

El proceso de extender el potencial es continuo. Sube y baja. Las oportunidades vienen y van. Las normas que debemos establecer para nosotros mismos están constantemente en cambio. Lo que *podríamos* hacer cambia a medida que nos desarrollamos. Lo que *deberíamos*

*¿Qué le está funcionando? ¿Qué está haciendo que le toma demasiado, sea porque no ha sido lo suficientemente eficiente o porque la actividad carece de propósito? ¿Qué cambios necesita hacer para expandir su capacidad?*

hacer también evoluciona. Debemos dejar atrás algunas cosas viejas para emprender otras nuevas. El proceso de adaptación y de expansión nunca termina. Puede ser un trabajo difícil, pero si estamos dispuestos, nuestras vidas son cambiadas.

# DÍA

**89**

*Ir mucho más allá de la obligación, hacer más de
lo que otros esperan, ¡de eso se trata la excelencia!
Y llega al esforzarse, al mantener las normas más
elevadas, al cuidar los detalles más pequeños y
al recorrer la milla extra. Excelencia significa
hacer lo mejor. ¡En todo! En todos los aspectos.*
JACK JOHNSON

Vivimos en una cultura donde muchas personas
piensan que lo hacen bien si solamente hacen lo que
se espera de ellas. Yo no creo que eso ayude a las personas a alcanzar su potencial o a extender su capacidad. Para hacer eso, la persona tiene que hacer más.
Jack Welch, lo denomina "salir del montón".

Para distinguirse, ser reconocido y hacer avanzar su
carrera, usted necesita ser más y hacer más. Tiene que
levantarse por encima de la media. Puede hacerlo pidiendo más de usted mismo de lo que otros piden, esperando más de usted mismo de lo que otros esperan,
creyendo más en usted mismo de lo que otros creen,
haciendo más de lo que otros creen que usted debería
hacer, dando más de lo que otros creen que debería

*Escriba una descripción de lo que usted cree que la excelencia debería parecer en su vida. Comprométase a sí mismo para que eso ocurra, y fírmela y póngale fecha.*

usted dar, y ayudando más de lo que otros creen que debería usted ayudar.

Hacer más de lo que se espera consigue algo más que separarle de sus colegas haciendo que gane una reputación de buen rendimiento. También le forma para desarrollar un hábito por la excelencia. Y eso aumenta con el tiempo. La excelencia continuada extiende sus capacidades y su potencial.

# DÍA

## 90

*Si uno avanza confiadamente en la dirección
de sus sueños, y se esfuerza por vivir la
vida que ha imaginado, se encontrará con
un éxito inesperado en horas comunes.*
HENRY DAVID THOREAU

Yo creo que avanzar confiadamente en la dirección de los sueños propios significa hacer lo que es importante cada día. Hacer lo que no es importante meramente consume su tiempo. Hacer lo correcto solo ocasionalmente no conduce a un crecimiento coherente y a la expansión de su vida. Ambos componentes son necesarios. El crecimiento diario conduce a la expansión personal.

El poeta Henry Wadsworth Longfellow comparó su crecimiento con el de un manzano. Él dijo: "El propósito de ese manzano es desarrollar un poco de madera nueva cada año. Eso es lo que yo planeo hacer". Él también expresó una idea parecida en uno de sus poemas cuando escribió: *Ningún disfrute y ninguna tristeza es nuestro fin destinado siempre; sino vivir para que cada mañana nos encuentre más avanzados que hoy.*

Si hacemos lo que es importante cada día, eso puede

*Ahora que ha invertido 90 días trabajando intensamente en el crecimiento, mire hacia adelante. Cree una lista de objetivos de crecimiento que a usted le gustaría lograr en el próximo año. Esté seguro de que los objetivos son alcanzables, pero además le requieran "estirarse". Luego identifique el objetivo que usted quiere lograr en los próximos 90 días y delinee la disciplina diaria requerida para usted lograrlo.*

ser cierto para nosotros. Usted tiene el potencial de seguir haciendo progreso hasta el día que muera, si tiene la actitud correcta con respecto al crecimiento. Necesita creer lo que el rabino Samuel M. Silver creía. "El mayor de todos los milagros", dijo él, "es que no necesitamos ser mañana lo que somos hoy, pero podemos mejorar si hacemos uso de los potenciales que Dios ha implantado en nosotros".

Otros libros de éxitos de ventas de John C. Maxwell disponibles en español

## LOS 5 NIVELES DE LIDERAZGO

A través del humor, la perspicacia y los ejemplos, Maxwell le muestra cómo llegar al pináculo del liderazgo donde su influencia se extiende más allá de su alcance inmediato, para el beneficio de los demás.

Y el éxito de ventas número 1 del *New York Times*

## LAS 15 LEYES INDISPENSABLES DEL CRECIMIENTO

Comunicando este mensaje como sólo él puede, John enseña las quince leyes que le ayudarán a convertirse en un aprendiz de por vida, cuyo potencial sigue aumentando y nunca se "agota".

## A VECES SE GANA. A VECES SE APRENDE

John Maxwell ofrece un mapa de ruta ganador mediante el examen de once elementos que constituyen el ADN de alumnos que han tenido éxito enfrentándose a los problemas, los fracasos y las pérdidas.

**Disponibles en cualquier tienda de libros.**

CENTER
STREET